# YouTube EnglishinKo

# 원어민처럼 말하기
# 기초 영어 회화

마이클 엘리엇 · 김명호 공저

안녕하세요, 여러분!

10년 전쯤 한영 번역가가 되겠다는 막연한 꿈을 갖고 한국 땅을 처음 밟은 미국 사람 마이클 엘리엇입니다!

한국에서 생활하고 한국어를 공부하면서 고사성어를 비롯해 무척 한국적인 표현에 이르기까지 다양하게 접하며, 이토록 생소한 표현들을 영어로는 어떻게 번역하면 좋을지 수없이 고민하면서 노트에 정리하곤 했습니다. 무엇보다 한국어 특유의 어감을 제대로 살리는 데 중점을 두었지요.

이렇게 한국어를 공부한 지 5년쯤 되었을 때 그동안의 자료를 교재 삼아 무료 오프라인 영어 강의를 운영하기 시작했고, 몇 년 후 인터넷 강의라면 더 많은 사람들에게 영어 교육의 기회를 줄 수 있겠다고 생각해 EiK 팟캐스트와 유튜브 채널을 열었습니다.

이번 책은 그동안 쓴 자료를 바탕으로 김명호 선생님과 함께 회화 중심으로 정리해서 학습 팁을 덧붙였습니다. 이 책이 여러분의 영어 학습에 많은 도움이 되었으면 좋겠습니다. 책을 보고 궁금한 점이 있으시면 EnglishinKorean 공식 SNS(페이스북, 트위터, 인스타그램 등)로 언제든 질문해 주세요!

마이클 엘리엇

Best of luck!
행운을 빌어요!

여러분, 반갑습니다!

언젠가 마이클쌤과 함께 하는 무료 강연에서였습니다. 강연에 참석하신 한 분이 마이클쌤에게 어떤 이유로 저와 방송을 함께 하게 됐는지 물으시더군요.

사실 저도 궁금했습니다. 제가 영어학습서를 낸 적 있는 저자이면서, 프렌즈인코리아(friendsinkorea.com)라는 국내 외국인들과 한국인들간의 언어문화교류 단체를 운영하고 있긴 했지만, 딱히 어떤 이유로 방송을 함께 하고 있는지 물어본 적은 없었기 때문이죠.

마이클쌤은 제가 한국에서만 공부를 했는데도 영어를 정확하게 구사할 줄 알고, 특히 문법을 중요하게 생각하는 면이 자신의 영어 교육 방식과 통하는 면이 있어서라고 대답하셨어요.

그 말을 듣는 순간, 그동안 저 혼자 영어 공부하느라 국내에서 고전분투하며 겪었던 고생들이 눈 녹듯 사라지는 것 같았습니다. 누군가는 알아봐 주는 사람이 있구나 하는 생각에 한없이 기뻤습니다.

이 책은 순수하게 언어를 공부하기 좋아하는 미국의 젊은이와 한국의 젊은이가 만나 오랜 기간 동안 활동한 결과물입니다. 애초에 강의를 만들면서부터, 한국말을 잘하는 영어 원어민과 국내에서 열심히 영어를 공부한 토종 영어 고수의 장점을 잘 살리려고 노력했습니다. 이번 기회에 편집의 힘을 빌려 그러한 강의 내용들을 좀 더 편하게 보실 수 있도록 정리해 보았습니다. 모쪼록 영어를 공부하고자 하는 많은 분들에게 뜻깊은 길잡이가 되길 바랍니다.

다니엘쌤 김명호

Persistence
pays off!
꾸준함은 언젠가 꼭 보답해 줄 거예요!

# + HOW TO USE THIS BOOK

**1** 총 15편 원어민처럼 말하기 (기초 영어 회화) 무료 동영상 강의 보는 법

## 1. 포털 검색창에 유튜브 검색 후 접속

## 2. 유튜브에 잉글리쉬인코리언 검색 후 클릭

## 3. 재생 목록 클릭

## 4. 원어민처럼 말하기 (기초 영어 회화), Ten in Ten 클릭

## 2 이 책의 구성

이 책은 원어민처럼 말하기 (기초 영어 회화) 1-8편과 Ten in Ten 9-15편, 총 15편의 강의 내용을 정리한 책입니다.

### 1. 강의 노트

**강의 스크립트 축약**
강의의 핵심 표현 소개

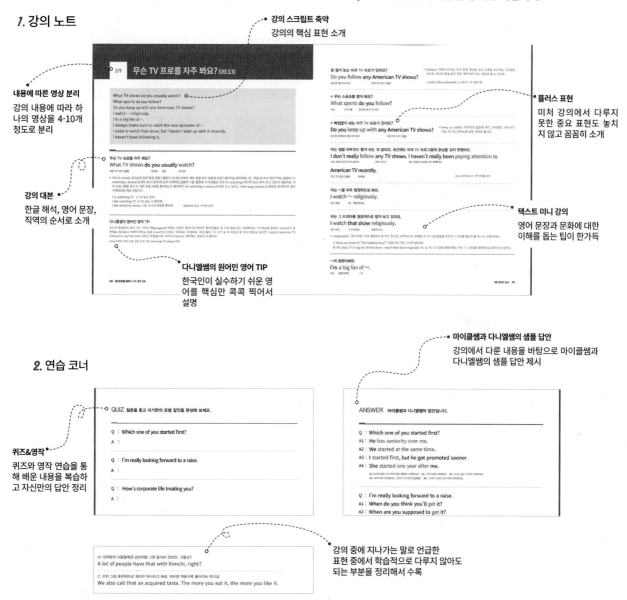

**내용에 따른 영상 분리**
강의 내용에 따라 하나의 영상을 4-10개 정도로 분리

**강의 대본**
한글 해석, 영어 문장, 직역의 순서로 소개

**다니엘쌤의 원어민 영어 TIP**
한국인이 실수하기 쉬운 영어를 핵심만 콕콕 찍어서 설명

**플러스 표현**
미처 강의에서 다루지 못한 중요 표현도 놓치지 않고 꼼꼼히 소개

**텍스트 미니 강의**
영어 문장과 문화에 대한 이해를 돕는 팁이 한가득

### 2. 연습 코너

**마이클쌤과 다니엘쌤의 샘플 답안**
강의에서 다룬 내용을 바탕으로 마이클쌤과 다니엘쌤의 샘플 답안 제시

**퀴즈&영작**
퀴즈와 영작 연습을 통해 배운 내용을 복습하고 자신만의 답안 정리

강의 중에 지나가는 말로 언급한 표현 중에서 학습적으로 다루지 않아도 되는 부분을 정리해서 수록

**3** 유튜브 잉글리쉬인코리언 강의 소개

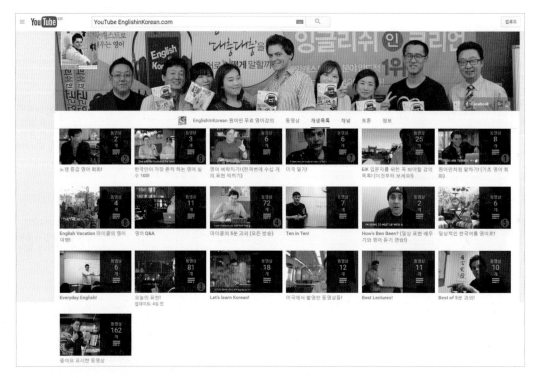

**❶ 원어민처럼 말하기: 기초 영어 회화**　**❷ 노잼 중급 영어 회화**

미국인들이 실생활에서 자주 쓰는 영어만을 엄선한 강의예요.
원어민들이 쓰지 않는 죽은 표현 말고 생생한 영어로 차근차근 공부해 보세요.

**❸ 오늘의 표현**　**❹ 마이클의 5분 과외**　**❺ 일상적인 한국어를 영어로**

우리말을 영어로! 영어를 우리말로! 족집게처럼 정확하게 짚어 주는 최고의 강의예요.

**❻ 한국인이 가장 흔히 하는 영어 실수 100**

한국인들에게 영어를 가르치면서 가장 많이 받은 질문을 모아 속 시원하게 해결해 주는 강의예요.

**❼ 미국 일기**　**❽ 마이클의 영어 여행**

미국 현지에서 직접 겪게 되는 상황별 영어 표현과 미국의 도시 소개 등을 생생하게 담았어요.

## 4 온라인 오프라인 활용

### 1. 잉글리쉬인코리언 닷컴 YouTube EnglishinKorean.com

마이클 엘리엇쌤이 운영하는 유튜브 잉글리쉬인코리언 닷컴에서는 무료 영어 강의를 다양하게 진행하고 있어요. 인터넷이 가능한 곳이라면 언제 어니서든 비싼 학원비 걱정없이 원어민 무료 영어 강의를 즐기실 수 있습니다.

심화 학습자를 위한 주제별 회화 연습, 영어 워크숍, 속어와 숙어, 영어로 진행하는 뉴스 요약 방송 같은 유료 채널도 진행 중입니다.

### 2. 홍대 플레이그라운드 http://www.hongdaeplayground.com

인터내셔널 카페/바 홍대 플레이그라운드는 다양한 국적을 지닌 새로운 사람들과 교류할 수 있는 곳입니다.
책과 유튜브 강의로 다져진 여러분의 영어 실력을 테스트할 기회를 꼭 가져보세요. 기회는 움직이는 곳에 있습니다!

### 3. 다니엘쌤 온라인 영어 http://danielssam.com (유료)

영어권 국가에 가 본 적도 없는데 200명이 넘는 외국인 친구가 있고, 대기업 해외 부서에서 일했고, 영어책 저자로도 활동 중인 다니엘쌤의 비법을 공개합니다. 모든 강의의 내용은 수년간의 연구와 원어민의 철저한 도움으로 완성되었습니다. 무료 강의도 있으니 꼭 챙겨 보세요!

### 4. 뉴스로 영어를! 뉴스 에스프레소 잉글리시 http://www.newsespresso.com (유료)

숙련된 바리스타의 에스프레소 한 잔이 바쁜 일상을 살아가는 현대인들의 활력이 되듯이, newsespresso의 검증된 원어민 연구팀은 영문 기사를 선별하여 진한 에스프레소처럼 핵심만 담아 전해 드립니다.

# + CONTENTS

## * YouTube 원어민처럼 말하기 기초 영어 회화 (1-8편)

### ❶편 인사말 Saying Hello

### ❷편 첫 만남 At the First Meeting

## ❻편 약속 Making Plans

## ❼편 직장과 취업 Talking About Your Job

## ❽편 자기소개 Introducing Yourself

## * YouTube Ten in Ten! (9-15편)

## ❾편 학교 생활 Talking About School Life

## ❿편 술자리 At the Bar

## ⓫편 회사 생활 Talking About Work Life

## ⓬편 카페에서 At the Cafe

### ⑬편 연애 Talking About Your Love Life

### ⑭편 날씨 Talking about Cold Weather

### ⑮편 인터넷 Talking about the Internet

# 원어민처럼 말하기
## 기초 영어 회화 ❶편
### 인사말 Saying Hello

A lot more small talk takes place in the US.(미국에서는 잡담을 정말 많이 해요.)라는 말에 공감하는 분들이 많으실 거예요. 미국인들에게 small talk는 일상 그 자체인 것 같다고도 하고요. small talk만 잘해도 미국에서의 삶이 쉬워진다고들 하는데, 그 시작은 뭐니 뭐니 해도 인사말이겠죠. 언제 어느 곳에서든 '안녕하세요!' 하나로 다 통하는 우리말 인사 표현과는 달리 영어로 하는 인사말은 무척 다양하니, small talk의 대가가 될 수 있도록 꾸준히 연습해 보세요.

small talk 잡담 | take place 일어나다, 발생하다

원어민처럼 말하기

기 초  영 어  회 화

Good morning! / Good afternoon! / Good evening!
Good day!
Good night!
Morning! / Afternoon! / Evening! / Night!
G'night!
Hi! / Hello!

Did you sleep well?
Did you get a good night's rest/sleep?
Did you get any rest/sleep?

Morning, guys!
Morning, sir!
Good morning, ladies and gentlemen!

---

### 다니엘쌤의 원어민 영어 TIP

영어로 된 인사말 표현은 별로 어려울 게 없죠. 그런데도 우린 영어를 해야 하는 자리에선 왜 꿀 먹은 벙어리가 되는 걸까요? 우리말에서는 영어처럼 형식을 갖춰 인사말을 하는 경우가 적다 보니 다양한 상황이 익숙하지 않은 탓도 있어요. 그러니 원어민들이 자주 쓰는 인사말 표현을 익혀서 기회가 될 때마다 연습해 보세요. 묻는 말에 겨우 답만 해서는 절대 영어 실력이 좋아질 리 없겠죠. 원어민의 인사와 small talk(잡담) 문화를 적극적으로 받아들여서 나만의 레퍼토리를 하나씩 준비해 두세요. 영어 회화 공부의 시작은 나만의 영어 인사말 준비부터입니다!

안녕하세요! (아침에)　　안녕하세요! (오후에)　　안녕하세요! (저녁에)

# Good morning! / Good afternoon! / Good evening!

좋은　　　　아침　　　　　좋은　　　오후　　　　　　좋은　　　저녁

* Good morning, Good afternoon, Good evening은 일반적인 인사말로 가정이나 호텔 등 장소 불문하고 격식을 차려서 인사할 때나 격의 없이 편하게 인사할 때 쓰는 표현들이에요.

---

좋은 하루 보내세요!

# Good day!

좋은　　　　날

* 요즘은 거의 쓰지 않는 표현이지만, 상대방의 말이 지겹게 느껴진다거나 듣기 거북한 말이 계속되어 그만 돌려보내고 싶은 경우에 쓰는 표현으로 '이제 그만 가세요!'라는 의미가 내포되어 있답니다.

---

안녕히 주무세요! / 안녕히 가세요!

# Good night!

좋은　　　　밤

* 밤에 나누는 취침 인사나 작별 인사예요. 밤에 만났다고 해서 무조건 Good night! 해서는 곤란하겠죠.

---

안녕하세요!　　　안녕하세요!　　　　안녕하세요!　　　안녕히 가세요!

# Morning! / Afternoon! / Evening! / Night!

(좋은) 아침　　　　(좋은) 오후　　　　　(좋은) 저녁　　　　(좋은) 밤

* 흔히 Good morning!은 줄여서 Morning!이라고도 하는데요. Good으로 시작하는 인사말은 뒤에 강세가 있어서 Good은 거의 들리지 않고 morning만 들리는 경우가 많아요.

---

잘 가!

# G'night!

존　　밤

* Good 대신 G'로 축약하여 쓰기도 해요.

---

안녕(하세요)!

# Hi! / Hello!

안녕　　　안녕

---

잘 잤어요?

# Did you sleep well?

당신은 잤어요?　　　　　　잘

밤새 잘 잤어요?

## Did you get a good night's rest/sleep?

당신은 얻었나요?    충분한 수면을

조금이라도 잤어요?

## Did you get any rest/sleep?

당신은 얻었나요?    약간의 수면이라도

* 아침에 나눌 수 있는 인사말 표현입니다. 간밤에 야근 등을 함께 한 동료라든지, 서로의 사정을 잘 알고 있는 사이에서 쓸 수 있어요.

Our team was up late last night. We stayed up late working on the project.
우리 팀은 어젯밤에 늦게까지 자지 않았다. 프로젝트 작업하느라 밤늦게까지 일을 했다.

be up late = stay up late 늦게까지 자지 않다

안녕하세요!         안녕(하세요)!

## Good evening! / Hi! / Hello!

좋은    저녁        안녕    안녕

* Good evening! / Hi! / Hello! 이런 인사를 듣게 된다면 똑같이 따라서 인사해도 괜찮아요. 영어에서는 이렇게 하는 것이 무례한 게 아니라 자연스러운 인사법입니다.

좋은 아침입니다, 여러분!

## Morning, guys!

(좋은) 아침       여러분

* 친구들이나 직장 동료들이 여럿 있을 때 친근하게 건넬 수 있는 인사말이에요.

+ 좋은 아침입니다, 손님!

## Morning, sir!

(좋은) 아침       손님

안녕하십니까, 신사 숙녀 여러분!

## Good morning, ladies and gentlemen!

좋은    아침       숙녀와 신사

* 연단에 올라서 연설을 하거나 발표를 시작할 때 예의와 격식을 갖춰서 인사를 해야 하는 경우 쓰는 표현이에요.

What's up?
What's up, man?
Hey!
Hey there.

What's up?
Hey!
Hey, man!
What's up with you?
What's up with him?
How's it going /goin'?

---

## 잘 지냈어?

# What's up? / What's up, man? / Wassup? / Sup? / Sup, man?

무슨 일이야?　　　무슨 일이야?　　자네　　무슨 일이야?　　무슨 일이야?　무슨 일이야? 자네

\* Wassup?, Sup?은 What's up?을 줄
인 말로, 채팅에서 특히 많이 쓰는 용어
중 하나죠.

---

### 다니엘쌤의 원어민 영어 TIP

인사말 중 G'night, Wassup?, Sup? 등과 같이 원어민들이 줄여서 쓰는 말들을 공부하고 있는데요. 영어 공부 초기에 가장 많이 하는 실수가 바로 과도한 줄임
말 사용이죠. 자신이 수준 높은 영어를 구사하고 있는 듯한 행복한 착각에 빠질 수 있거든요. 예를 들어 원어민과의 대화에서 my를 ma로 표현했다고 생각해
보세요. 듣는 원어민은 분명 무례하다고 여기거나 상황에 맞지 않는 영어라고 생각할 거예요. 여러분의 의도와는 다르게 말이죠. 영어 공부 초기라면 되도록 줄
임말이 아닌 원래 형태의 영어 표현을 연습해 보세요. 만일 변형된 형태의 말들을 쓰고 싶다면 그 말의 의미를 파악하고, 어느 정도의 격식을 차린 표현인지 꼼
꼼히 확인하는 게 중요하겠죠.

---

## 안녕!　안녕, 친구!

# Hey! / Hey, man! / Hey, there! / Hey, bro!

안녕　　안녕　자네　　안녕　거기　　안녕　형제

\* bro는 brother를 줄인 말로 남자들 사이에서 친구를 편하게 부를 때
써요. 여자끼리는 친한 사이에 Hey, girl!이라고 합니다.

### 다니엘쌤의 원어민 영어 TIP

Hey는 어떤 상황에서 쓰면 좋을까요? 인사말로 쓰이긴 하지만 억양에 따라서 자칫 무례한 표현이 될 수도 있으니 주의해야 해요. 우리말로 '어이, 이봐, 야' 정도의 표현이니 때와 장소를 가려서 써야겠죠. 특히 화가 나 있는 상태에서 누군가를 부를 때 Hey!라고 한다면 상당히 무례한 느낌을 줘요. 저도 뭣 모르고 이 말을 쓴 적이 있었는데, 그때 저한테 돌아온 답은 My name ain't "Hey!"(내 이름은 '야!'가 아냐.)였어요. 정말 쥐구멍에라도 들어가고 싶었다니까요. 자, 이땐 다들 잘 아는 Excuse me.(저기요. / 실례합니다.)를 쓰면 되겠죠!

---

## 잘 지내?
## What's up?
무슨 일이야?

\* 상대방이 What's up?이라고 인사를 건네면 자연스럽게 똑같은 표현으로 대답해도 좋아요.

---

## 안녕!　안녕, 친구!
## Hey! / Hey, man!
안녕　안녕　자네

---

## 그저 그래.　별일 없어.
## Nothing. / Nothing much.
아무것도 없어　별로 없어

---

## 너 왜 그래? (무슨 일 있어?)　걔 왜 그래?　대니에게 무슨 일 있어?
## What's up with you? / What's up with him? / What's up with Danny?
무슨 일 있어?　너에게　무슨 일 있어?　그에게　무슨 일 있어?　대니에게

---

## 저기 무슨 일이 있는 거야?
## What's up? What's going on over there?
무슨 일 있어?　무엇이 일어나고 있어?　저기에

\* 실제로 어떤 일이 벌어지고 있는 상황을 가리키면서 쓰는 표현이에요.

going on 일이 일어나고 있는

---

## 무슨 일이 있는 거야?
## What's going on?
무엇이 일어나고 있어?

\* What's going on?은 '무슨 일이 있는 거야?'라고 벌어진 일에 대한 상황을 물어보는 표현이기도 하지만, What's up?처럼 인사말로 쓰기도 해요. 이때도 마찬가지로 What's up? 또는 Nothing이나 Nothing much.라고 대답하면 됩니다.

요즘 어떻게 지내?

# How's it going? / How's it goin'?

어떻게 ~ 있어?　　되어 가고

* going은 줄여서 goin'으로 쓰기도 해요.

---

일은 잘 돼 가?

# How are things?

어때?　　　　상황이

---

어떻게 지내고 있어?

# How are you holding up?

어떻게 ~ 있어?　　너는　　견디고

* How's it going? / How are things? / How are you holding up?
  위 표현들은 말하는 표정과 어투에 따라 평범한 인사말이 되기도 하고 관심과 걱정을 나타내는 말이 되기도 해요.

# NOTES 강의를 들으며 나만의 대답이나 궁금한 내용을 메모해 두세요.

How are you?
How ya been?
How are you doing today?
How's your afternoon going?
How are you guys doing today?

Pretty good.
(I'm) Doing all right.
Going well so far. How about you/yours?
(I'm) Doing fine, thanks.
Couldn't be better.
I've been all right. How 'bout you?
Things are OK/great/going well.

---

### 안녕하세요. / 어떻게 지내?

## How are you?

어때요?　　　당신은

* How are you?라는 인사말은 어떤 어조로 말하느냐에 따라 의미가 달라져요. 빠르게 말할 땐 가벼운 인사말로 통하고, 천천히 말하면 상대방을 걱정하며 안부를 묻는 표현이 되죠.

---

### A: 안녕하세요!　　　B: 안녕하세요! 잘 지내시죠?

## Good evening! Hi! How are you?

좋은　　저녁　　　안녕하세요 어때요?　　당신은

* 호텔에서 안내원이 Good evening!으로 인사를 하면 Hi! How are you? 등으로 가볍게 대답할 수 있어요.

---

### + 별일 없었지?

## How ya been? / How have you been?

어떻게　당신은 지냈어요?　　어떻게　　　당신은 지냈어요?

* How ya been?은 How have you been?을 줄인 말이에요. 여기서 ya는 you의 줄임말이죠.

---

오늘 어때요?

## How are you doing today?

어떻게　　　　당신은　　되어 가요?　오늘

---

어떻게 지냈어요?

## How's your afternoon going?

어떻게　　　　당신의　　오후가　　　　되어 가요?

**PLUS** 카페에서 음료 등을 주문할 때 I'll have my regular.(늘 먹던 걸로 주세요.)라는 표현을 쓸 수 있어요.

---

오늘 어떻게 지냈어요?

## How's your day going so far?

어떻게　　　당신의　　하루가　　되어 가요?　지금까지

---

여러분 오늘 어떻게 지냈나요?

## How are you guys doing today?

어떻게　　　　　당신들은　　　　되어 가요?　오늘

* guys는 '남자, 녀석, 사내'만을 뜻하는 게 아니라 남녀 상관없이, 무리지어 있는 사람들을 가리키는 말이기도 해요. ladies and gentlemen(여러분) 대신 격식 차리지 않고 편하게 말할 때 쓰기도 하죠.

---

+ 좋아.

## Pretty good.

꽤　　　　좋아

---

잘 지내.

## (I'm) Doing all right.

(나는) 지내고 있어　　　괜찮게

---

좋아.

## (I'm) Doing great.

(나는) 지내고 있어　　　아주 좋게

---

(우리는) 잘 지내요.

## (We're) Doing all right.

(우리는) 지내고 있어요　　　괜찮게

(우리는) 잘 지내요.
## (We're) Doing fine.
(우리는) 지내고 있어요     괜찮게

---

(우리는) 잘 지내요, 고마워요.
## (We're) Doing great, thanks.
(우리는) 지내고 있어요     아주 좋게     고마워요

**PLUS** You guys look busy today.는 '오늘 (여러분들) 바빠 보이시네요.'라는 뜻으로 카페나 음식점 등에 커플이나 가족 손님이 왔을 경우에 직원이 건넬 수 있는 표현이에요.

---

잘 지내고 있지.
## (My day's) Going well so far.
(나의 하루는)     잘 되어 가     지금까지는

---

잘 지내고 있지. 너는 어때?
## (My day's) Going well so far. How about you/yours?
(나의 하루는)     잘 되어 가     지금까지는     어때?     너는/너의 것은

\* How about you/yours?는 '너는 어때?'라는 뜻으로 상대방의 기분이나 느낌을 물어볼 때 쓸 수 있는 말이에요.

---

+ 잘 지내고 있어.
## (I'm) Doing well.
(나는) 지내고 있어     잘

---

잘 지내고 있어, 고마워.
## (I'm) Doing fine, thanks.
(나는) 지내고 있어     괜찮게     고마워

---

잘 지내고 있지. 너는 어때?
## (I'm) Doing fine. How about you?
(나는) 지내고 있어     괜찮게     어때?     너는

---

잘 지내고 있지. 너는 어때?
## (My day's) Going fine. How's yours?
(나의 하루는)     잘 되어 가     어때?     너의 것은(너의 하루는)

**굉장히 잘 지내. / 모든 것이 좋아.**

# Couldn't be better.

더 좋을 수 없어

* couldn't는 could not의 축약형이에요.

* better는 good의 비교급으로, 여기서 be better는 '기분이 전보다 더 좋다'라는 의미입니다.

---

**+ 나는 괜찮게 지내. 너는 어때?**

# I've been all right. How 'bout you?

나는 괜찮아               어떠니?      너는

* How 'bout you?는 How about you?를 줄인 말이에요.

---

**+ 잘 지내고 있어.**

# Things are OK/great/going well.

상황이       괜찮아  아주 좋아  잘 되어 가

---

**최악이야.**

# Things are terrible.

상황이       끔찍해

---

**엉망진창이야.**

# My life's falling apart!

내 삶이       망가져 가

* 설령 잘 지내고 있지 못하더라도 아주 친한 사이 아니면 되도록 긍정적으로 대답하는 게 좋아요.

fall apart 다 망가져 가다, 다 허물어질 정도이다

# 뭐 할 거야? (14:46)

What are you up to?
What are you up to today?
What are you up to this weekend?

Just ~ing.
Just hanging out.
Just trying to get some work done.
Just heading over to the beach.
Just studying.
Same old, same old.
Nothing much. What about you?

---

### 뭐 할 거야? / 뭐 하는 중이니?

## What are you up to (today)?
무엇을 하니?　　　　너는　　　　(오늘)까지

* 인사말을 건넨 뒤에 가볍게 물어볼 수 있는 표현이에요. 예를 들면 What's up, man.이라고 한 후 What are you up to?라고 말할 수 있어요.

**PLUS** 이 문장에서 up to는 '~까지'라는 뜻으로 특정한 수, 정도, 위치, 시점까지를 나타내요. 한편 by와 until/till도 '~까지'라는 뜻을 나타내지만 쓰임은 조금 다르죠. by는 어떤 동작의 완료를, until/till은 어떤 동작의 계속을 나타냅니다.

---

### 어디 가는 중이야?

## Where are you heading?
어디로　　　　　　너는　　　　가고 있니?

head 가다, 나아가다

---

### 오늘 밤/이번 주말에 뭐 할 거야?

## What are you up to tonight/this weekend?
무엇을 하니?　　너는　　　오늘 밤/이번 주말까지

오늘 밤 무슨 일 있어?

## (Is there) Anything going on tonight?

무언가 일어나고 있어?　　　　　　　　　　　　오늘 밤

\* '오늘 밤에 파티 같은 뭔가 재미있는 일이 있어?'라는 뉘앙스로 묻는 표현이에요.

---

그냥 ~하는 중이야.

## Just ~ing.

그냥　　~하는 중이야

\* 예문처럼 일상 회화에서 '그냥 ~하는 중'이라고 표현하고 싶다면 현재진행형 ~ing를 써서 나타내면 자연스러워요. 이와 비슷하게 '~하는 도중'이라는 표현을 좀 더 강조하고 싶다면 주로 in the middle of를 써서 나타내죠.

I'm in the middle of a meeting. 나 회의하는 중이야.

---

그냥 노는 거지 뭐.

## Just hanging out.

그냥　　노는 중이야

\* hang out은 '시간을 보내며 돌아다니다, 어울려 놀다'라는 뜻이에요.

---

+ 일을 완성시키려고 노력하는 중이야.

## Just trying to get some work done.

그저　　노력하는 중이야 어떤 일을 완성시키려고

get one's work done 일을 다하다

---

+ 해변에 가는 중이야.

## Just heading over to the beach.

그저　　향하여 가는 중이야　　　　해변으로

---

+ 그냥 공부해.

## Just studying.

그저　　공부 중이야

---

맨날 똑같지 뭐. 그냥 강의 녹음해.

## Same old, same old. (I'm) Just recording a lecture.

늘 똑같아　　　　　　　　(나는)　그냥　녹음하고 있어　　강의를

---

맨날 똑같지 뭐. 그냥 운동해.

## Same old, same old. (I'm) Just working out.

늘 똑같아　　　　　　　　(나는)　그냥　운동하고 있어

\* work out은 '건강이나 몸매 관리 등을 위해 운동하다'라는 뜻이에요.

맨날 똑같지 뭐. 그냥 헬스클럽에서 운동하고 있어.
## Same old, same old. Just **working** out at the gym.
늘 똑같아                    그냥       운동하고 있어        헬스클럽에서

---

별거 없어.              그저 그래.
## Nothing much. / Nothing special.
별로 없어                      특별한 거 없어

\* 약간 장난스러운 표현이긴 하지만, 예문과 같은 뜻으로 Nada라고 말하기도
해요. 이 말은 스페인어로 nothing(아무것도 없는)이라는 뜻입니다.

---

+ 별거 없어. 너는 어떤데?
## Nothing much. What about you?
별로 없어                    어때?              너는

# NOTES 강의를 들으며 나만의 대답이나 궁금한 내용을 메모해 두세요.

It's so nice to see you (again).
There she is!
There he is!
Oh, look who it is!
Long time no see!
It's been a long time. How ya been?
What a nice surprise!
What a small world!

Wow!

---

### 다시 만나 반가워요.
## It's so nice to see you (again).
매우 좋아요　　　　(다시) 너를 보니

＊ 오랜만에 반가운 사람을 만났을 때 쓰는 인사말이에요.

---

### 그녀가 왔어!　　　그가 왔어!
## There she is! / There he is!
저기에　　그녀가　있어　저기에　　그가　있어

＊ 다소 생소한 표현일 수도 있는데, 기다리던 그(그녀)가 마침 나타났을 때 쓸 수 있는 표현이에요.

---

### 오, 누가 왔는지 봐 봐!
## Oh, look who it is!
오　　봐　　누구인지

＊ 이 표현은 반가운 사람에게도 쓰지만, 비호감의 상대를 만났을 때도 비꼬듯 말하면서 쓸 수 있어요.

---

### 오랜만이야!
## Long time no see!
긴 시간　　　　못 봤어

＊ 오랜만에 만나는 사람에게 건네는 인사로, 일반적인 영어 문법을 따르지 않고 중국식 영어 즉, 好久不见[hǎojiǔbújiàn]이라는 말을 어순 그대로 직역한 데서 나온 표현이에요.

+ 정말 오랜만이야. 어떻게 지냈어?
## It's been a long time. How ya been?
지냈어　　　오랜 시간이　　　어떻게　너는 지냈어?

---

이게 대체 누구야! / 정말 뜻밖이네요!
## What a nice surprise!
정말　　　좋은　　　뜻밖의 일이야

\* 뜻하지 않은 상황에서 반가운 사람을 만났을 때 쓰는 표현이기도 하지만, 만난 상대가 별로 탐탁치 않았을 때도 예의상 건넬 수 있는 인사말이에요.

---

세상 참 좁네!
## What a small world!
정말　　　작은　　　세상이야

---

이게 무슨 우연이람!
## What a coincidence!
정말　　　우연의 일치야

coincidence  우연의 일치

---

와~
## Wow!
와

\* 특별히 대답이 정해진 상황이 아닌 경우 간단히 표현할 수도 있어요.

---

+ 와~ 그러게요!
## Wow! It sure is!
와　　　진짜 그렇네

---

+ 와~ 그러게요!
## What a surprise!
정말　　　뜻밖의 일이에요

\* What a nice surprise!(정말 뜻밖이네요!)라는 상대방의 인사말을 받아서 이렇게 대답하면 되겠죠.

# 벌써 시간이 이렇게 됐네! (18:32)

Wow, look at the time!
Well, gotta run.
We'd better get going.
We'd better hit the road.

OK. See you around!
All right. Take care!
OK. Talk to you later.
Catch ya later.

(This is) Crazy weather we're having, huh?
(This is) Nice weather we're having, huh?

---

### 벌써 시간이 이렇게 됐네!
## Wow, look at the time!
와        봐        시간을

* 자연스럽게 대화를 마무리할 때 쓸 수 있는 표현이에요.
* 영어로 대화를 마무리 짓는 것을 wrapping up이라고 해요. 따라서 wrapping up the lecture(강의를 마무리하기), wrapping up the conversation(대화를 마무리하기)이라고 표현할 수 있습니다.

---

### 그럼 가 봐야겠어.
## Well, gotta run.
이런        달려야 해

* 여기서 gotta는 '~해야 한다'라는 뜻을 지닌 구어체 표현으로, 격식 있는 문장에서는 잘 쓰지 않아요.

---

### 슬슬 가 봐야겠어요.
## We'd better get going.
우리는 ~ 낫겠어        가기 시작하는 게

* 'd better는 had better를 줄인 말이에요.
* 원어민들은 '가다'라는 말을 다양하게 표현하는데, 특히 '가기 시작하다'라는 의미의 get going을 자주 쓰는 편이에요.

이제 가 봐야겠어요.

**We'd better** hit the road.

우리는 ~ 낫겠어요    길을 나서는 게

hit the road 길을 나서다

---

이제 가 봐야겠어요.

**We'd better** take off.

우리는 ~ 낫겠어요    떠나는 게

---

이제 가 봐야겠어.

**I've gotta** bounce.

나는 ~지    급히 가야

\* I've gotta는 I have got to를 줄인 말로 '~해야 한다'라는 뜻이에요.

\* bounce는 '튀다, 깡충깡충 뛰다'라는 뜻으로 알려져 있지만, 속어로는 'leave 떠나다'의 의미로도 쓰여요.

---

알았어. 그럼 또 보자!

**OK.** See you around!

그래    또 보자

---

알았어. 잘 지내!

**All right.** Take care!

그래    몸 조심해

---

+ 알았어. 나중에 얘기해.

**OK.** Talk to you later.

그래    얘기할게 너에게    나중에

---

+ 나중에 봐.

Catch ya later.

만날게    너를    후에

\* I'll catch you later.를 줄인 말로 헤어질 때 쓰는 표현이에요.

---

날씨가 참 변덕스럽네요.

**(This is)** Crazy weather we're having, huh?

이것은    말도 안 되는 날씨네요    우리가 가지고 있는    그쵸?

crazy 정상이 아닌, 말도 안 되는

날씨가 참 좋네요.

**(This is)** Nice weather we're having, **huh?**

이것은      정말 좋은 날씨네요      우리가 가지고 있는      그쵸?

---

네. 그러게요! / 네. 제 말이요!

**Yeah.** That's what I'm saying!

그래요      그것이 ~이에요   내가 말하고 있는 것

---

+ 맞아요.

Exactly.

정확해요

---

요즘 날씨가 좋네요.

We've been having great weather **recently.**      * 날씨를 말할 때 주로 동사 have를 써서 표현한다는 점을 기억해 두세요.

우리가 가지고 있어요      대단한    날씨를      최근에

## NOTES 강의를 들으며 나만의 대답이나 궁금한 내용을 메모해 두세요.

Q: Good morning!

A:

---

Q: Hey, man! How ya been? Long time no see!

A:

---

Q: Good afternoon. What are you guys up to today?

A:

---

Q: What's up?

A:

---

Q: Hi, there! How's your day going?

A:

# ANSWER 마이클쌤과 다니엘쌤의 답안입니다.

Q: Good morning!

A1: Good morning! / Morning!

A2: Good morning to you, too!

A3: Hi. / Hello.

> Q: 좋은 아침이에요!   A1: 좋은 아침이에요!   A2: 좋은 아침이에요!   A3: 안녕하세요.

---

Q: Hey, man! How ya been? Long time no see!

A1: Hey, bro! Nice to see you. How ya been? How are things?

A2: Things are going all right. / Things are going OK. How about you?

> Q: 안녕! 잘 지냈어? 오랜만이야!   A1: 안녕! 반가워. 잘 지냈어? 어떻게 지내?   A2: 잘 지내고 있어. 너는 어때?

---

Q: Good afternoon. What are you guys up to today?

A1: Just hanging out.

A2: Just relaxing with the family.

A3: Just having some fun.

A4: (We're) Just having a family day.

A5: Just having some quality time with the family.

> Q: 안녕. 너 오늘 뭐 해?   A1: 그냥 노는 거지 뭐.   A2: 그냥 가족들이랑 쉬고 있어.   A3: 그냥 놀고 있어.
> A4: 그냥 가족들과 시간 보내고 있어.   A5: 그냥 가족들과 좋은 시간 보내고 있어.

---

Q: What's up?

A1: What's up, man?

> Q: 잘 지내?   A1: 너도 잘 지내?

Q: Hi, there! How's your day going?

A1: Things are okay.

A2: Having a pretty good day.

A3: (It's been) Pretty good so far.

A4: Fine, how about you?

A5: How is yours going?

A6: Pretty good.

A7: Nothing much. / Nothing special.

Q: 안녕! 어떻게 지내?　A1: 잘 지내고 있어.　A2: 잘 지내고 있어.　A3: 지금까지는 아주 좋아.　A4: 좋아. 너는 어때?　
A5: 너는 어때?　A6: 꽤 좋아.　A7: 그저 그래. / 별일 없어.

# 원어민처럼 말하기
## 기초 영어 회화 ❷편
### 첫 만남 At the First Meeting

첫 만남, 첫인상, 첫사랑… 처음이란 말은 늘 그렇듯 '설렘주의보' 가득이네요. 그런데 영어로도 이 설렘 가득한 첫 만남을 이어갈 수 있을까요? 인사는 겨우 했는데, 내 소개는 어떻게 하지? 악수를 할까, 말까? 악수하면서는 뭐라고 하는 거지? 머릿속이 벌써 뒤죽박죽이라고요? 그렇다면 원어민들은 처음 만나서 어떤 얘기들을 나누는지 볼까요. 우리와 별반 다르진 않지만, 표현법에 주의해야겠죠. 원어민들이 자주 쓰는 표현들을 연습해 보면서 만남의 여유도 가져 보세요.

원어민처럼 말하기

▶

기초 영어 회화

Hi, my name is Michael.
Hi, I'm Michael. What's your name?

---

안녕하세요, 제 이름은 마이클이에요.
# Hi, my name is Michael.

안녕하세요 제 이름은 ~이에요    마이클

\* 처음 만나는 사람에게 무난하게 할 수 있는 표현이에요.

---

안녕하세요, 전 마이클이에요. 이름이 뭐예요?
# Hi, I'm Michael. What's your name?

안녕하세요 저는 ~이에요 마이클    뭐예요?    당신의 이름은

\* 여기서 I'm ~과 I am ~의 뉘앙스가 다르다는 점에 주의하세요. I'm ~이라고 하면 평범한 자기소개가 되지만, I am ~이라고 하면 뭔가 대단한 말을 한다거나 강조하는 표현으로 들리거든요.

I am Superman. 나는 슈퍼맨이야.
I am Spiderman. 나는 스파이더맨이야.

\* 전화나 문자, 혹은 이메일을 할 때는 I'm Michael.이라고 하지 않고 This is Michael.(저 마이클이에요.)이라고 해요. 또, '누구세요?'라고 물을 때는 Who are you?라고 하지 않고 Who's this?라고 해야 한다는 것도 기억해 두세요.

This is Michael from language exchange. 언어 교환에서 만난 마이클이야.

My name is Myungho, but I go by "Danny" here.
My name is Myungho, but you can just call me "Danny."

---

제 이름은 명호예요. 하지만 여기서는 '대니'로 통해요.

# My name is Myungho, but I go by "Danny" here.

제 이름은 ~예요    명호       그러나 저는 '대니'로 통해요      여기서

\* '저는 ~로 통해요'라고 할 때는 go by를 써서 표현하면 돼요.

---

제 이름은 명호예요. 하지만 '대니'라고 불러 주세요.

# My name is Myungho, but you can just call me "Danny."

제 이름은 ~예요    명호       그러나 당신은    부를 수 있어요       저를      '대니'라고

\* '~라고 불러 주세요'라는 말을 할 때 우리는 흔히 you can just call me ~라는 표현을 쓰는데, 원어민들은 이 말을 거의 쓰지 않아요. 평소 불리는 특별한 nickname이 있는 경우에는 이 표현을 쓰기도 하지만, 일반적으로 go by를 많이 써요. 자칫하면 you can just call me ~라는 표현은 '우리 편하게 말 놓자.'라는 뉘앙스를 줄 수 있으므로 안전하게 go by를 쓰는 게 좋습니다.

We're on a first name basis. 우리는 서로 이름으로 부르는 사이예요.

---

### 다니엘쌤의 원어민 영어 TIP

상대방에게 '(당신을) 어떻게 불러야 하죠?'라고 묻고 싶다면, What should I call you?(제가 당신을 뭐로 불러야 하죠?) 또는 What would you like me to call you?(제가 당신을 뭐로 불렀으면 하세요?)라고 표현하면 돼요. 여기서 우리말로 '어떻게'라는 말이 있다고 해서 how를 써서는 안 되겠죠. 만약 how를 넣어 말하고 싶다면 How would you like me to refer to you?(제가 당신을 어떻게 불렀으면 좋겠어요?)라고 표현해야 합니다.

Nice to meet you.
It's a pleasure.
It's an honor.

---

만나서 반가워요.

## Nice to meet you. / Nice meeting you.

기분이 좋아요   당신을 만나서       기분이 좋아요 당신을 만나서

---

만나서 반가워요.

## It's a pleasure (to meet you).

기뻐요                    (당신을 만나서)

---

만나서 영광이에요.

## It's an honor (to meet you).

영광이에요                (당신을 만나서)

---

얘기 많이 들었어요. (드디어 직접 만나게 되어) 영광이에요.

## I've heard so much about you. It's an honor (to finally meet you in person).

나는 들어 왔어요     매우 많이        당신에 관하여       영광이에요        (마침내 당신을 만나서              직접)

* 평소에 다른 사람을 통해 이야기를 전해 들었던 사람을 직접 만나게 되었을 때 쓸 수 있는 표현이에요.

> What do you do?
> What do you do here in Korea?
> What line of work are you in?

---

## 무슨 일 하세요? / 직업이 뭐예요?
# What do you do (for a living)?
무엇을 하세요?　　당신은　　　　　(생계 수단으로)

**AVOID** What's your job? (X)
원어민들은 이렇게 직접적으로 묻는 표현은 잘 쓰지 않아요.

---

## 한국에서 무슨 일 해요?
# What do you do here in Korea?
무엇을 하세요?　　당신은　　　여기　　한국에서

\* 한국에 살고 있는 외국인에게 쓸 수 있는 표현이에요.

　　**AVOID** What are you doing in Korea? (X) / Why are you here? (X) / Why are you in Korea? (X)
　　이 표현들은 각각 '한국에서 뭐 하는가?', '한국에 왜 왔는가?'와 같이 상대방을 취조하는 듯한 느낌을 줄 수 있으므로 쓰지 않도록 합니다. 대신 What do you do?를 비롯한 정중한 느낌을 주는 다른 표현들로 연습해 보세요.

---

## 한국에 무슨 일로 왔어요?
# What brought you to Korea?
무엇이　　데리고 왔어요?　　당신을　　한국에

\* brought는 bring(어떤 장소에 있게 하다)의 과거 형태입니다.

---

## 어떤 분야에 종사하세요?
# What line of work are you in?
직업이 뭐예요?　　　　　　당신이 속한

\* line of work는 '어떤 분야의 일'이라는 의미이지만 흔히 '직업'을 뜻해요.

> I'm in college.
> I'm a student.
> I'm majoring in English Lit. at Yonsei University.
> I work in finance/education consulting.
> I work in (the) ~ industry.
> I'm a graduate student at ~.
> I'm doing my graduate work in biology at Yonsei University.

---

### 저는 대학생이에요.
## I'm in college.
저는 대학에 재학 중이에요

**CAUTION** I'm in university. (X) / I'm in uni. (X)
한국에서는 흔히 college와 university를 전문대학과 4년제 대학으로 구분해서 말하곤 하는데, 미국에서는 둘 다 college라고 부릅니다. 미국의 전문대학은 community college, 4년제 대학은 college라고 하죠. 따라서 미국인들이 대학을 말할 때는 모두 college라고 합니다.

### + 저는 학생이에요.
## I'm a student.
저는 학생이에요

### 저는 연세대에서 영어를 전공하고 있어요.
## I'm majoring in English Lit. at Yonsei University.
저는 전공하고 있어요    영문학을         연세대에서

\* English Lit.는 영문학으로 English Literature의 줄임말이에요. 전공을 얘기할 때 줄여서 말해도 됩니다.

My major is English Lit. 내 전공은 영문학이다.

### 저는 연세대 일 학년이에요.
## I'm a freshman at Yonsei University.
저는 일 학년이에요         연세대

저는 연세대 이 학년이에요.

**I'm a sophomore at Yonsei University.**

저는 이 학년이에요　　　　　연세대

---

저는 연세대 삼 학년이에요.

**I'm a junior at Yonsei University.**

저는 삼 학년이에요　　　　연세대

---

저는 연세대 사 학년이에요.

**I'm a senior at Yonsei University.**

저는 사 학년이에요　　　　연세대

**AVOID** I'm a first grade in college. (X)
대학의 학년은 어떻게 말할까요? 원어민들은 grade를 쓰지 않고, freshman, sophomore, junior, senior라고 표현해요. 이 표현은 고등학교 학년을 말할 때도 똑같이 쓸 수 있습니다.

---

저는 금융 컨설팅 쪽에서 일해요.

**I work in finance consulting.**

저는 일해요　　금융 컨설팅 쪽에서

I work in education consulting. 저는 교육 컨설팅 쪽에서 일해요.

**AVOID** I am at my company. (X)
company가 '회사'라는 뜻이지만, 원어민들은 work라는 단어를 더 많이 쓰는 편이에요. 예를 들어, work stress(업무 스트레스), work friend(직장 동료), I'm at work.(나 회사에 있어.) 등의 표현에서 work 대신 company를 쓰면 어색한 표현이 됩니다.

---

저는 연예산업에 종사해요.

**I work in (the) entertainment (industry).**

저는 일해요　　연예산업에서

---

저는 ~대학교 대학원생이에요.

**I'm a graduate student at ~.**

저는 대학원생이에요　　　　　　　~에서

graduate 대학 졸업자 | graduate student 대학원생

---

저는 연세대학교에서 생물학 대학원 과정에 다니고 있어요.

**I'm doing my graduate work in biology at Yonsei University.**　work 공부, 연구, 과제

저는 하고 있어요　　제 대학원 과정을　　　　　생물학　　　　연세대에서

# 어느 학교 다녀요? (12:59)

Where do you go (to school)?
What college do you go to?
How long have you been doing that?
How long have you been in that field?

---

### 어느 학교 다녀요?
## Where do you go (to school)?
어디 (학교에)    당신은 가나요?

**AVOID** Where do you attend? (X) / What university do you attend? (X)
'학교에 다니다'라고 표현할 때 굳이 attend(~에 다니다)와 같은 어려운 동사 말고 쉽게 go를 쓰면 됩니다.

---

### 저는 CalArts 대학에서 음악을 전공했어요. 당신은 어느 학교를 다녔나요?
## I majored in **music** at CalArts. Where did you go (to school)?
저는 전공했어요    음악을    CalArts에서    어디 (학교에)  당신은 갔었나요?

---

### 어느 대학 다녀요?
## What college do you go to?
무슨 대학에    당신은 가나요?

---

### 그 일을 얼마나 했어요?
## How long have you been **doing that?**
얼마나 오랫동안    당신은 해 오고 있나요?    그것을

\* 여기서는 과거부터 지금까지 그 일을 계속 해 오고 있기 때문에 현재완료진행형 have been ~ing를 썼어요.

---

### + 그 분야에서 얼마나 일했어요?
## How long have you been **in that field?**
얼마나 오랫동안    당신은 일해 오고 있나요?    그 분야에서

# 얼마나 살았어요? (14:25)

> How long have you lived here?
> How long have you lived in Korea?

---

### 여기서 얼마나 살았어요?
# How long have you lived here?
얼마나 오랫동안 　　　 당신은 살아 오고 있나요? 　　　 여기에

**AVOID** How long have you lived in here? (X)
여기서 here 앞에 in을 쓰지 않도록 주의하세요. in here라고 하면 '여기에 들어와서'라는 전혀 다른 뜻이 됩니다.

### 한국에서 산 지 얼마나 됐어요?
# How long have you lived in Korea?
얼마나 오랫동안 　　　 당신은 살아 오고 있나요? 　　　 한국에

# NOTES 강의를 들으며 나만의 대답이나 궁금한 내용을 메모해 두세요.

---

# ~에 온 계기가 뭐예요? (15:08)

What brought you to ~ in the first place?
What brought you to Korea in the first place?
What interested you in Korea in the first place?
What made you come to Korea?
Have you traveled (much) around Korea?
Where have you been (in Korea)?

---

### 처음 한국에 온 계기가 뭐예요?
## What brought you to Korea in the first place?
무엇이 　　데리고 왔어요? 　당신을 　한국에 　　　처음에

* in the first place는 '애초에, 처음에'라는 뜻이에요. How did you meet Danny in the first place? 너는 처음에 대니를 어떻게 만났니?

* 잠깐! brought 발음은 어떻게 하고 있나요? 설마 [브로우트]? 아니죠. [브럿]입니다!

---

### 처음에 어떻게 한국에 관심을 갖게 됐어요?
## What interested you in Korea in the first place?
무엇이 관심을 갖게 했나요? 　　　당신에게 한국에 대해 　　처음에

* interest는 '관심을 끌다'라는 뜻의 동사로 쓰였어요. interest ~ in은 '~에게 …에 대한 관심을 갖게 하다'라는 뜻입니다.

---

### 한국에 어떻게 오게 된 거예요?
## What made you come to Korea?
무엇이 만들었나요? 　　당신이 오게 　　　한국에

* make는 '~로 하여금 …하게 만들다'라는 뜻으로, 앞서 소개한 표현들보다는 많이 쓰이지 않아요.

---

### 처음에 어떻게 한국에 관심을 갖게 됐나요?
## What got you interested in Korea in the first place?
무엇이 당신에게 관심을 갖도록 만들었나요? 　　　한국에 　　처음에

* got은 get의 과거형이며, get은 '~에게 …하게 만들다'라는 뜻으로 쓰였어요.

한국을 여행해 봤나요?

# Have you traveled (much) around Korea?
당신은 여행을 해 본 적이 있나요?        한국 여기저기를 (많이)

* travel around는 '여기저기 여행하고 다니다'라는 뜻이에요.

* 경험을 말하는 것이므로 have traveled라는 현재완료형으로 나타냈어요.

---

(한국에서) 어디에 가 보셨어요?

# Where have you been (in Korea)?
어디에 갔었나요?        당신은        (한국에서)

* 이 표현도 역시 경험을 물어보는 것이므로 현재완료 have been을 써서 나타냈어요.

**AVOID** Where did you go? (X)
옆에 있던 사람이 갑자기 사라졌다가 나타났다든지 했을 때 '어디 갔었어?'라고 묻는 표현과 혼동하지 마세요.

# NOTES 강의를 들으며 나만의 대답이나 궁금한 내용을 메모해 두세요.

# ~에 대해 들어 본 적이 있나요? (17:44)

Have you (ever) heard of ~?
Have you (ever) tried/eaten ~?
Have you (ever) tried kimchi?
Have you (ever) tried samgyupsal?
Have you (ever) heard of pansori?

---

### ~에 대해 들어 본 적이 있나요?

## Have you (ever) heard of ~?

당신은 (한 번이라도) 들어 본 적이 있나요?　　~에 대해

\* 한국에서는 흔히 '~을 알아요?'를 영어로 표현할 때 Do you know Samgyupsal?(삼겹살을 알아요?), Do you know Kimchi?(김치를 알아요?)와 같이 Do you know~?를 쓰곤 해요. 물론 이 말들이 문법적으로 어긋나는 건 아니지만, 원어민이 듣기에는 상당히 어색한 표현일 수밖에 없어요. Do you know John?(너 존 아니?)과 같이 사람이 오는 건 괜찮아요. 이 경우만 제외하고는 Have you heard of ~? 혹은 Have you tried/eaten ~?을 쓰는 게 훨씬 자연스러워요.

### ~을 먹어 본 적이 있나요?

## Have you (ever) tried/eaten ~?

당신은 (한 번이라도) 먹어 본 적이 있나요?　　　~을

\* 문법적으로 ever를 생략해도 상관없지만, 원어민들은 생략하지 않고 넣어서 말하는 편입니다.

try 먹어 보다

### 김치를 먹어 보셨어요?

## Have you (ever) tried kimchi?

당신은 (한 번이라도) 먹어 본 적이 있나요?　　김치를

### 삼겹살을 먹어 보셨어요?

## Have you (ever) tried samgyupsal?

당신은 (한 번이라도) 먹어 본 적이 있나요?　　삼겹살을

### 판소리에 대해 들어 본 적이 있나요?

## Have you (ever) heard of pansori?

당신은 (한 번이라도) 들어 본 적이 있나요?　　판소리에 대해

How's Korea treating you?
How's life as an English teacher treating you?
How's life in Korea?
(It's) Better than I expected.
It's been great so far.

---

### 한국에서의 생활은 어때요?

## How's **Korea treating you?**

어떻게        한국이       대접하고 있어요? 당신을

* treat는 '대접하다, 대우하다, 다루다'라는 뜻으로, 그대로 해석하면 '한국이 당신을 어떻게 대우하고 있어요?'라는 의미이지만, 그냥 가벼운 인사처럼 '한국 생활은 어때요?', '잘 지내요?' 정도의 인사라고 생각하면 돼요. How's the new job treating you?(새로운 일은 어때요?)라고 안부 인사를 하듯 물어볼 수도 있겠죠. 원어민들이 자주 쓰는 표현이니 예문을 통해서 충분히 연습해 보세요.

A: How's executive life treating you? 임원 생활은 어때?
B: It's terrible. / It sucks. 안 좋아.
A: Really? 정말이야?

**PLUS** 단어 really의 발음에 유의해야 합니다. [리얼리]가 아니라 [륄리]라고 두음절로 발음해야 해요. 그리고 suck이라는 단어는 나쁜 말이 아니기 때문에 일상에서 편하게 쓸 수 있어요. 다만, 동사이기 때문에 It is suck.이라고 쓰면 안 되겠죠!

---

### + 영어 교사로서 한국에서의 생활은 어때요?

## How's life as an English teacher treating you?

어떻게       영어 교사로서의 생활이                    대접하고 있어요?  당신을

---

### + 한국 생활은 어떤가요?

## How's life in Korea?

어떤가요?     생활이   한국에서

---

### 생각보다는 좋았어요.

## It's better than I expected (it would be.)

그것은 ~보다 좋았어요       내가 기대했던 것      (그것이 ~일 거라고)

기대했던 것보다 좋았어요.

# Better than I expected.

~보다 좋았어요            내가 기대했던 것

여태(까지는) 정말 좋았어요.

# It's been great so far.

그것은 아주 좋았어요          여태(까지는)

---

## 다니엘쌤의 원어민 영어 TIP

영어 실력이 높다고 해서 영어로 능숙하게 대화를 이끌어 나갈 수 있는 건 아니에요. 영어 실력 + 배경지식입니다! 영어로 말을 잘하려면 먼저 다양한 주제나 상황에 대한 이야깃거리를 준비해 두세요. 준비되지 않은 상황에서 영어로 대화를 하게 된다면 화젯거리는 금세 바닥을 드러낼 테고, 점점 자신감이 떨어져 상대의 말에 수동적으로 응대하는 수밖에 없을 거예요. 이런 난감한 상황에 처하지 않으려면 평소 관심 있는 주제나 자주 접하는 상황 등을 놓고 영작도 해 보고, 첨삭도 받아 보고, 스피치 연습도 해 두는 게 무엇보다 중요합니다.

# NOTES 강의를 들으며 나만의 대답이나 궁금한 내용을 메모해 두세요.

Q: Hi. How's it going? My name's Michael.

A:

Q: How long have you been in Korea?

A:

Q: How long have you been in the States/in England?

A:

Q: Have you traveled around the country much?

A:

Q: Have you ever heard of the Korean Folk Village?

A:

# ANSWER 마이클쌤과 다니엘쌤의 답안입니다.

---

Q: Hi. How's it going? My name's Michael.

A1: Nice to meet you. My name is Danny, but I go by "Daniel Kim" here.

A2: Nice to meet you. My name is Minho, but my American friends just call me "Min."

Q: 안녕하세요. 잘 지내시죠? 제 이름은 마이클입니다.    A1: 만나서 반가워요. 제 이름은 대니입니다. 하지만 여기서는 '대니얼킴'으로 통하지요.
A2: 만나서 반가워요. 제 이름은 민호입니다. 하지만 제 미국 친구들은 '민'이라고 불러요.

---

Q: How long have you been in Korea?

A1: I've been here since ~.

A2: I've been here for about ten years.

A3: It's been ten years now.

Q: 한국에 산 지 얼마나 됐어요?    A1: ~ 이후로 여기 살고 있어요.    A2: 10년 정도 살았어요.    A3: 이제 10년 됐어요.

---

Q: How long have you been in the States/in England?

A1: I just got here last year.

A2: I've been here for five years.

A3: I've been here since 2005.

Q: 미국/영국에 산 지 얼마나 됐어요?    A1: 저는 작년에 왔어요.    A2: 5년 동안 살고 있어요.    A3: 2005년부터 살고 있어요.

---

Q: Have you traveled around the country much?

A1: I've only been to Gyeongju and Seoul so far, but I'd like to see more.

* 원어민의 been 발음을 들어 보셨나요? [빈]이 아니라 [벤]이라고 해야 정확해요. [빈]이라고 발음하면 bean(콩)으로 혼동하기 쉬우니 주의해야 합니다.

Q: 우리나라를 많이 여행해 봤나요?    A1: 저는 경주와 서울에만 가 봤어요. 하지만 더 많이 보고 싶네요.

## Q: Have you ever heard of the Korean Folk Village?

## A1: Yeah, I've been there a couple of times. It's great!

* folk는 '민속의, 민요, (일반적인) 사람들'이라는 다양한 뜻이 있는데, 발음할 때 folk[fouk]라고 하여 'l' 소리가 나지 않게 발음하는 원어민들도 있어요.
  folk village 민속촌 / folk music 민요 / Hi, folks. 안녕하세요, 여러분.

Q: 한국민속촌에 대해 들어 본 적이 있나요?    A1: 네, 저 거기에 여러 번 가 봤어요. 참 멋진 곳이에요!

# 원어민처럼 말하기
## 기초 영어 회화 ❸편
### 가족 Talking About Your Family

Talking about one's family(가족에 대한 대화)를 나누는 자리입니다. 가장 가까운 사이라서 그만큼 소홀히 대하기 쉬운 사람들이 바로 가족이죠. '있을 때 잘해'라는 말이 괜히 나온 게 아니네요. 자, 가족에 대한 영어 표현을 익혀 보면서 지금부터라도 집안의 요리 담당, 청소 담당, 귀요미 담당이 기꺼이 되어 주시겠어요?

원어민처럼 말하기

▶

기초 영어 회화

**twins**
쌍둥이

## You guys look like twins.
너희 (쌍둥이처럼) 같은 옷 입었네?

## He's wearing the same coat as me.
그는 나랑 같은 코트를 입었다.

## He's wearing the same coat as I am.
그는 나랑 같은 코트를 입었다.

* 원래는 as I am만 문법적으로 맞고 as me는 허용되지 않았지만, 현재는 둘 다 문법적으로 맞는 표현으로 인정됩니다.

**AVOID** He's wearing the same coat with me. (X)
한국어의 '~랑'은 영어로 as, to, with로 다양하게 쓸 수 있습니다.

---

**to**
'~랑'으로 해석될 때

## He got married to a foreigner.
그는 외국인이랑 결혼했다.

---

**installment**
할부, 1회분

## This is the third installment of the show.
이번이 프로그램의 세 번째 편이다.

* 1화, 2화 등 프로그램의 순서를 말할 때 episode라고 많이 알려졌는데, installment라고도 해요.

---

**in installments**
할부로

## I bought this in installments.
나는 이것을 할부로 샀다.

## I had to buy this computer in installments.
나는 이 컴퓨터를 할부로 사야 했다.

HE'S WEARING THE SAME COAT AS ME 또는 HE'S WEARING THE SAME COAT AS I AM

There are ~ people in my family.
There are three people in my family.
There are four of us in our family.
There are three of us in the household.

---

### 우리 가족은 세 명이에요.
# There are three people in my family.
~ 있어요       세 명이       나의 가족에

**AVOID** My family is four. (X)
우리말로 '우리 가족은 네 명이에요.'라고 해서 흔히 My family is four.라고 말하는데, 이 문장은 문법에 맞지 않는 표현이에요. 또, 간혹 영어의 f와 p 발음을 구분하지 않고 쓰는 경우가 있어 My family is poor.(우리는 가난한 집안이에요.)처럼 들릴 수 있으므로 이 표현은 되도록 쓰지 않는 게 좋습니다.

---

### 우리에게는 네 명의 가족이 있어요.
# There are four of us in our family.
~ 있어요       네 명이       우리 가족에

\* 가족의 인원수를 표현할 때 There are ~로 말하는데요. 영어에는 there과 같은 dummy pronouns(의미 없는 대명사)가 있죠.

There's a tree in the park. 공원에 나무가 한 그루 있습니다. / It's raining. 비가 와요. / It's snowing. 눈이 와요.
위의 예문에서 there, it은 모두 의미 없는 대명사로 쓰였으니 따로 해석을 하지 않아도 됩니다.

**PLUS** the first snow of the season 첫눈

우리 집은 세 명이 있어요.
# There are **three** of us in the household.
~ 있어요　　　　　우리 세 명이　　　　집안에

\* household는 '가정, 집안'이라는 뜻으로 in the household 혹은 in our household라고 해도 됩니다.

**AVOID**　There are four members in my family. (X)
입국 심사 서류에 보면 How many family members are traveling with you?(당신과 함께 여행 중인 가족은 모두 몇 명입니까?)라는 문항이 있어서일까요. 가족구성원을 말할 때 family members나 members라는 표현을 쓰는 경우가 있는데, 회화에서는 잘 쓰지 않는 표현이니 주의해야 합니다. 참고로 How many family members are traveling with you?에서 traveling 대신 accompanying(동반, 동행)을 쓰기도 한다는 것도 알아 두세요(특히 서류에서).

member 회원, 가입자 | family members 가족구성원 (문어체 표현)

# NOTES 강의를 들으며 나만의 대답이나 궁금한 내용을 메모해 두세요.

# 형제자매가 있어요? (05:57)

Do you have any brothers or sisters?
Do you have any siblings?
I'm an only child.
I'm the eldest son.
She's the eldest daughter.
I'm the youngest.
I'm the baby of the family.
I have an older sister and a younger brother.
I come from a family of four.

---

### 형제자매가 있어요?

## Do you have any brothers or sisters?

당신은 가지고 있어요?　　　　형제나 자매를

---

### 형제자매가 있어요?

## Do you have any siblings?

당신은 가지고 있어요?　　　　형제자매를

\* sibling은 '형제자매'라는 뜻으로 공식적이고 어려운 말에 속해요. 평소에는 Do you have any brothers or sisters?라고 하면 됩니다.

---

### 외동이에요.

## I'm an only child.

저는 ~ 예요　단 하나의 아이

---

### 외동딸이에요.

## I'm an only daughter.

저는 ~이에요　단 하나의 딸

외동아들이에요.

## I'm **an only** son.

저는 ~이에요 단 하나의 아들

---

장남이에요.

## I'm **the eldest** son.

제가 ~이에요 가장 나이가 많은 아들

＊ 형용사 old(늙은, 나이가 든)의 비교급은 older(더 늙은), 최상급은 oldest(가장 늙은)입니다. 하지만 가족관계에서 나이가 가장 많다고 할 때는 eldest를 써서 말해요.

---

그녀는 장녀예요.

## She's **the eldest** daughter.

그녀가 ~이에요 가장 나이가 많은 딸

---

저는 형제자매가 세 명이 있어요. 제가 그 중 맏이에요.

## I have three siblings. I'm **the eldest**.

저는 가지고 있어요 세 명의 형제자매를        저는 ~이에요 가장 나이가 많은 사람

---

제가 가장 어려요.

## I'm **the youngest**.

저는 ~이에요 가장 어린 사람

---

저는 막내예요.

## I'm **the baby of the family/our family**.

저는 ~예요 가족 중에 막내

＊ the baby of the family/our family는 막내를 귀엽게 표현한 말이에요.

---

저는 둘째예요.

## I'm **the second child**.

저는 ~예요 둘째 아이

---

저는 중간이에요.

## I'm **the middle child**.

저는 ~예요 중간 아이

저는 (우리 가족에서) 막내예요.

**I'm the youngest (in our family).**

저는 ~예요 막내　　　　　　　　　(우리 가족에서 )

---

저에게는 형이 한 명 있어요. 그가 가족 중에 가장 나이가 많아요.

**I have an older brother. He's the eldest in the family.**

저는 가지고 있어요 한 명의 형을　　　　　그는 ~이에요 가장 나이가 많은 사람 가족에서

---

저에게는 누나와 남동생이 있어요.

**I have an older sister and a younger brother.**

저는 가지고 있어요 누나 한 명과　　　　　남동생 한 명을

---

+ 저는 오빠 한 명과 여동생 두 명이 있어요.

**I have one older brother and two younger sisters.**

저는 가지고 있어요 한 명의 오빠와　　　　　두 명의 여동생을

---

+ 제가 딱 중간이에요.

**I'm right in the middle.**

저는 ~ 있어요 바로 중간에

---

+ 우리 가족은 네 명이에요.

**I come from a family of four.**　　　　　　　　come from ~에서 나오다

저는 ~에서 나왔어요　　네 명의 가족

# 저는 ～가 있어요 (08:20)

---

I have a ~.
I have a stepmother.
I have a stepfather.

---

저는 ～가 있어요.
## I have a ～.
저는 가지고 있어요 ~을

---

+ 저는 새엄마가 있어요.
## I have a **stepmother.**
저는 가지고 있어요 새엄마를

---

+ 저는 새아빠가 있어요.
## I have a **stepfather.**
저는 가지고 있어요 새아빠를

---

## NOTES 강의를 들으며 나만의 대답이나 궁금한 내용을 메모해 두세요.

---

I live with my ~.
I live with my parents.
I moved out.
I've been living on my own since I was 18.

---

## ～랑 같이 살아요.
## I live with my ～.
저는 살아요 저의 ~랑

---

## 부모님이랑 같이 살아요.
## I live with my parents.
저는 살아요 제 부모님이랑

---

## 저는 엄마랑 새아빠랑 같이 살아요.
## I live with my mom and stepdad.
저는 살아요 우리 엄마 그리고 새아빠랑

---

## 저는 아직 부모님이랑 살고 있어요.
## I still live with my parents.
저는 여전히 살고 있어요 부모님이랑

---

## 저는 독립했어요.
## I moved out (of my parents' house).
저는 이사 나왔어요　　　(부모님 집에서)

* 독립해서 생활한다고 말할 때 independent(독립된)와 life(생활)를 써서 independent life라고 표현하면 부자연스러워요. 일반적으로 '독립했다'라고 말할 때는 I moved out.이나 I'm living by myself.라고 하고, I'm living alone. 과 I'm on my own now.라는 표현을 쓰죠.

move out 살던 집에서 이사를 나가다, 독립하다

**저는 제 남자친구랑 동거해요.**

## I moved in with my boyfriend.

저는 이사 했어요       제 남자친구랑

> \* 여자친구와 함께 살고 있다고 표현할 때는 I moved in with my girlfriend.라고 하고, 애인과 함께 살고 있다고 표현할 때는 I moved in with my fiancé.라고 합니다.
>
> move in 이사 오다

---

**혼자 독립해서 살고 있어요.**

## I've been living on my own.

저는 살아 오고 있어요       혼자 알아서

> \* on my own은 '스스로, 혼자서'라는 뜻이에요. 예를 들어 '네가 알아서 해.'라고 말하고 싶다면 You're on your own now.라고 하면 되겠죠.
>
> I did it on my own. 내가 혼자서 그것을 했다.
> I made this on my own. 내가 혼자서 이것을 만들었다.

---

**+ 열여덟 살 때부터 혼자 독립해서 살고 있어요.**

## I've been living on my own since I was 18.

저는 살아 오고 있어요       혼자 알아서       내가 열여덟 살 이래로

---

**지금 독립해서 살고 있어요.**

## I'm living on my own now.

저는 살고 있어요       혼자 알아서       지금

# NOTES 강의를 들으며 나만의 대답이나 궁금한 내용을 메모해 두세요.

# ～랑 잘 지내요 / ～랑 잘 못 지내요 (11:16)

I get along with ~.
I don't get along with ~.
I get along with my brothers and sisters.
We get along really (well).
No, not really.
I don't really get along with my older brother.
My brother always bosses me around.

---

### ～랑 잘 지내요.
## I get along with ～.
저는 싸우지 않고 잘 지내요 ~랑

* get along with는 '~랑 싸우지 않고 평화롭게 지내다'의 뜻으로, 반대말은 not get along with입니다.

---

### ～랑 잘 못 지내요.
## I don't get along with ～.
저는 잘 못 지내요       ~랑

---

### 저는 가족과 잘 지내요.
## I get along (well) with my family.
저는 잘 지내요       저의 가족이랑

* 좀 더 고급스러운 표현으로 We have a harmonious home life.(우리 가족은 화목해요.)라고 바꿔 말할 수 있어요.

---

### 저는 형제자매들과 잘 지내요.
## I get along (well) with my brothers and sisters.
저는 잘 지내요       저의 형제자매랑

---

### 우린 사이좋게 잘 지내요.
## We get along really (well).
우리는 잘 지내요       아주

## 우린 잘 못 지내요.

# We don't get along.

우리는 잘 못 지내요

---

## + 아니야, 별로 그렇지 않아.

# No, not really.

아니  별로 그렇지 않아

---

### 다니엘쌤의 원어민 영어 TIP

어떤 질문에 부정으로 답할 때 No라고 간단히 말하는 것보다 다양한 부사를 활용하게 되면 훨씬 구체적으로 의미를 전달할 수 있습니다.

Actually, no. 사실은 그렇지 않아.
No, not exactly. 아니야, 정확히 그렇지는 않아.
No, not necessarily. 아니야, 반드시 그렇지만은 않아.

---

## 저는 형과 잘 지내지 못해요.

# I don't really get along with my older brother.

저는 정말 잘 못 지내요           저의 형이랑

---

## 형은 항상 나에게 이래라저래라 해요.

# My brother always bosses me around.

제 형은           항상        사장처럼 저를 부려요

* boss를 동사로 써서 boss someone around라고 하면 '사장처럼 사람을 부리다, 쥐고 흔들다, 이래라저래라 하다'라는 뜻이 되죠. 여기서 boss의 발음이 [보스]가 아닌 [버스]라는 것도 기억해 두세요.

  Don't boss me around! 나한테 이래라저래라 하지 마!

My parents are ~.
Strict
Conservative
Thrifty
Stingy
Old-fashioned

---

우리 부모님은 ~하셔.
# My parents are ~.
나의 부모님은 ~해

---

우리 부모님은 매우 엄격하셔.
# My parents are very strict.
strict 엄격한
나의 부모님은 ~해　　매우 엄격

---

우리 집안은 매우 엄격해요.
# I come from a strict household.
저는 ~에서 왔어요　　엄격한 집안

---

우리 부모님은 매우 보수적이셔.
# My parents are very conservative.
conservative 보수적인
나의 부모님은 ~이야　　매우 보수적

---

우리 부모님은 매우 알뜰하셔.
# My parents are very thrifty.
thrifty 알뜰한, 절약하는
나의 부모님은 ~해　　매우 절약

우리 부모님은 구두쇠야.

## My parents are very stingy.

나의 부모님은 ~해 　　　　매우 인색

* stingy는 '돈에 대해 인색한'이라는 뜻으로, 앞서 나온 thrifty(알뜰한, 절약하는)보다 좀 더 부정적인 뉘앙스를 갖고 있어요.

stingy 돈에 대해 인색한

---

우리 부모님은 매우 옛날 사고방식을 갖고 계셔.

## My parents are very old-fashioned.

나의 부모님은 ~이야 　　　매우 　구식

old-fashioned 옛날식의, 구식의

---

우리 부모님은 (우리에게) 엄격하지 않으셨어.

## My parents weren't strict (with us).

나의 부모님은 ~하지 않았어 　　　엄격 　　(우리에게)

---

우리 부모님은 매우 관대하셔.

## My parents are very lenient.

나의 부모님은 ~해 　　　　매우 관대

* 부모님이 관대하다고 표현할 때는 비교적 고급 어휘에 속하는 lenient를 쓸 수 있어요. 이 상황에서 우리에게 익숙한 generous라는 단어는 적당하지 않아요. generous는 stingy(돈에 대해 인색한)의 반대말로 쓰이죠. 주로 한턱냈다거나 큰돈을 기부해 주어 고마운 마음일 때 쓰는 표현입니다.

My parents are very strict. 우리 부모님은 매우 엄격하셔.
My parents are very generous. 우리 부모님은 아주 후하셔.(돈을 많이 퍼주는 것)
You're so generous! 참 후하세요!(또 한턱내 주셔서 고맙습니다!)

lenient 관대한, 인정이 많은 | generous 후한, 넉넉한

Do chores
What chores do you do at home?
I do the dishes.
He's the breadwinner.
I help out a lot around the house.
My dad was the breadwinner, but he also helped out a lot around the house.

---

## 집안일을 하다
# Do chores

하다  집안일을

---

### 다니엘쌤의 원어민 영어 TIP

chore는 '(집안)일, 하기 싫은 (따분한) 일'이라는 뜻으로, choring이라는 동사형은 없습니다. 다만 철자가 비슷해 혼동하기 쉬운 단어 choir(합창단, 성가대)가 있는데, 이 두 단어는 발음이 전혀 다르므로 주의해서 알아 두세요.

chore[tʃɔː(r)] 쵸어r | choir[kwaɪə(r)] 콰이어r

---

### 집안일을 해. 그러면 용돈을 받을 수 있어!
# Do your chores and you can have your allowance!     allowance 용돈

해  너의 집안일을        그러면 너는      가질 수 있어      너의      용돈을

---

### 집에서 어떤 집안일을 하세요?
# What chores do you do at home?

무슨 집안일을        당신은 하나요?      집에서

---

### 설거지를 해요.
# I do the dishes.

저는 해요 설거지를

* '씻다'라는 뜻의 단어 wash를 써서 wash the dishes라고도 말하지만 보통 do를 더 많이 씁니다.

## 청소기를 돌려요.

# I vacuum.

저는 청소기를 돌려요

vacuum 진공청소기로 청소하다

---

## 먼지를 털어요.

# I dust.

저는 먼지를 털어요

---

## 빗자루로 쓸어요.

# I sweep.

저는 빗자루로 쓸어요

---

## 저는 걸레로 바닥을 닦아요.

# I mop the floor.

저는 대걸레로 닦아요  바닥을

mop 대걸레로 닦다

---

## 빨래를 해요.

# I do the laundry.

저는 빨래를 해요

Could you do the laundry for me? 저를 위해 빨래를 해 주실 수 있어요?
I did a load of wash. 저는 한 짐이나 되는 빨래를 했어요.

* 한 짐의 빨래(한 번에 할 수 있는 양의 빨래)라고 할 때는 a load of wash라고 해요.

laundry 세탁물

---

## 그가 가장이에요. / 그가 먹여 살려요.

# He's the breadwinner.

그는 ~이에요  한 집안의 기둥

* breadwinner는 생계비를 버는 사람, 즉 '가장'을 말합니다.

My mom was the breadwinner in our family. 엄마는 우리 가족의 가장이셨다.
My dad was the breadwinner. 아빠는 우리 가족의 가장이셨다.
I'm the breadwinner. 나는 생계를 책임지고 있다.

---

## 저는 집안일을 많이 도와줘요.

# I help out a lot around the house.

저는 도와줘요      많은 집안일을

help out ~을 도와주다 | around the house 집 주위에

---

## 우리 아버지는 가장이셨지만 집안일도 많이 도와주셨어.

# My dad was the breadwinner, but he also helped out a lot around the house.

나의 아버지는 ~이셨어    가장            하지만  그는  또한    도와주셨어          많은 집안일을

# 저희는 ~ 집안이에요 (18:45)

I come from a ~ family.
Close-knit
Conservative
Religious
Liberal
Large
Single-parent household
A dual-earner household
My mother was a working mom.

---

### 저희는 ~ 집안이에요.
## I come from a ~ family.
저는 ~ 출신이에요          ~ 가정

\* 이 문장의 물결선으로 된 부분에 집안의 분위기를 나타내는 단어를 넣어 연습해 보세요.

come from ~에서 나오다, ~에서 비롯되다, ~출신이다

---

### 다니엘쌤의 원어민 영어 TIP

미국인들은 I come from a ~ family.라는 문장에서 a의 발음을 [어]라고 하지 않고 [에이]라고 합니다. 뭔가 강조하거나 명확하게 하고 싶을 때 이렇게 발음하죠. the도 비슷한 경우로, 모음 앞에 올 때 [디](물론 ㄷ이 아닌 th[ð] 발음에 유의)라고 발음합니다. 또, 강조를 하거나 the를 말하면서 다음에 올 말을 생각하고 말을 끌 때도 [디]처럼 발음하는 경우가 있어요. 간단하긴 하지만 의외로 놓치기 쉬운 부분이므로 정확히 기억해 두면 원어민과 대화할 때 도움이 될 거예요.

---

### 저희는 화목한 가정이에요.
## I come from a **close-knit** family.
저는 ~ 출신이에요          긴밀한 가정

\* close-knit는 직물이 얽히고설킨 것처럼 가족이 긴밀한 관계라는 뜻으로, 화목한 가정을 말해요.

---

### 저희는 보수적인 집안이에요.
## I come from a **conservative** family.
저는 ~ 출신이에요          보수적인 가정

conservative 보수적인, 보수주의자

저희는 독실한 기독교 집안이에요.

**I come from a religious family.**

저는 ~ 출신이에요       독실한 기독교 가정

religious 종교적의, 신앙의, 독실한

---

저희는 개방적인 집안이에요.

**I come from a liberal family.**

저는 ~ 출신이에요       진보적인 가정

liberal 진보적인, 자유주의의, 개방적인

---

저희는 대가족이에요.

**I come from a large family.**

저는 ~ 출신이에요       대가족

large family 대가족

---

저희는 편부모 가정이에요.

**I come from a single-parent household/family.**

저는 ~ 출신이에요       한부모 가정

single-parent household/family 한부모 가정, 편부모 가정

---

저희 엄마는 워킹맘이었어요.

**My mother was a working mom.**

저희 엄마는 ~이었어요       워킹맘

＊ 일하는 엄마를 표현할 때는 working mom, working mother라고 합니다.

---

저희는 맞벌이 가족이에요.

**I come from a dual-earner household.**

저는 ~ 출신이에요       맞벌이 가정

dual-earner household 맞벌이 가정

# 저는 ~ 집안에서 자랐어요 (19:54)

I come from a family of ~.
Doctors
Musicians
Teachers
Democrats
Republicans

---

저는 ~ 집안에서 자랐어요.

## I come from a family of ~.

저는 ~ 가족 태생이에요

---

저는 의사 집안에서 자랐어요.

## I come from a family of **doctors**.

저는 ~ 가족 태생이에요          의사

---

저는 음악가 집안에서 자랐어요.

## I come from a family of **musicians**.

저는 ~ 가족 태생이에요          음악가

---

저는 신학자 집안에서 자랐어요.

## I come from a family of **theologians**.

저는 ~ 가족 태생이에요          신학자

---

저는 철학자 집안에서 자랐어요.

## I come from a family of **philosophers**.

저는 ~ 가족 태생이에요          철학자

저는 어학자 집안에서 자랐어요.

**I come from a family of linguists.**

저는 ~ 가족 태생이에요      어학자

---

저는 교사 집안에서 자랐어요.

**I come from a family of teachers.**

저는 ~ 가족 태생이에요      교사

---

저는 민주당 지지자 집안에서 자랐어요.

**I come from a family of Democrats.**

저는 ~ 가족 태생이에요      민주당 지지자

Democrat 민주당 지지자

---

저는 공화당 지지자 집안에서 자랐어요.

**I come from a family of Republicans.**

저는 ~ 가족 태생이에요      공화당 지지자

Republican 공화당 지지자

---

저는 상인 집안에서 자랐어요.

**I come from a family of traders.**

저는 ~ 가족 태생이에요      상인

---

저는 여행자 집안에서 자랐어요.

**I come from a family of hikers.**

저는 ~ 가족 태생이에요      여행자

---

저는 등산가 집안에서 자랐어요.

**I come from a family of mountain climbers.**

저는 ~ 가족 태생이에요      등산가

mountain climber 등산가, 산악 구조대

저는 우리 가족의 ∼예요 (22:04)

---

I'm the ∼ of the family.
I'm the ∼ in our family.
I'm the prankster of the family.
I'm the talker in our family.

This is my mom.
This is my dad.

---

### 저는 우리 가족의 ∼예요.
## I'm the ∼ of the family.
저는 ∼예요        가족의

> \* 우리말에서는 잘 쓰지 않는 표현이긴 하지만, 이해하기 쉽게 아이돌이 자기소개하는 모습을 떠올려 보세요. 각자 미모 담당, 안무 담당, 귀요미 담당 등 역할을 맡고 있다고 소개하듯이 집안에서 자신이 어떤 존재인지를 말할 때 쓰는 표현이에요.

---

### 우리 가족 중 제가 ∼을 가장 잘해요.
## I'm the ∼ in our family.
저는 ∼예요        우리 가족에서

---

### 제가 우리 가족의 말썽쟁이예요.
## I'm the prankster of the family.
저는 장난꾸러기예요        우리 가족의

> \* prankster는 '장난꾸러기'라는 뜻으로, trickster라고 바꿔 말할 수도 있어요.
>
> prank 장난

---

### 제가 우리 가족의 배우예요.
## I'm the actor in our family.
저는 배우 담당이에요        우리 가족에서

---

### 우리 가족 중 제가 말이 가장 많아요.
## I'm the talker in our family.
저는 이야기 담당이에요        우리 가족에서

우리 가족 중 제가 술을 가장 잘 마셔요.

## I'm the drinker in our family.

저는 술꾼이에요          우리 가족에서

---

우리 가족 중 제가 주량이 가장 세요.

## I'm the big drinker in our family.

저는 술꾼이에요                우리 가족에서

---

이 분이 우리 엄마예요.      이 분이 우리 아빠예요.

## This is my mom. / This is my dad.

이 사람이 ~예요 우리   엄마       이 사람이 ~예요 우리   아빠

**AVOID** He is my father. (X) / She is my mother. (X)
옆에 있는 사람을 소개할 때는 He/She is ~라고 하지 않고 This is ~라고 표현해요. 예를 들어 마이클쌤이 바로 옆에 있는 대니쌤을 소개한다면 He is Danny.라고 하지 않고 This is Danny.라고 하는 거죠.

---

이 사람이 제가 많이 얘기했던 그 친구예요.

## This is the guy I've been telling you about.

이 사람이 ~예요 그 친구      제가 많이 얘기해 왔던        당신에게

---

## QUIZ 질문을 듣고 자기만의 모범 답안을 완성해 보세요.

---

Q: **Do you have any brothers or sisters/siblings?**

A:

---

Q: **Do you (still) live with your parents?**

A:

---

Q: **Do you get along with your brothers?**

A:

# ANSWER 마이클쌤과 다니엘쌤의 답안입니다.

---

Q: Do you have any brothers or sisters/siblings?

A1: I'm the middle son. I have an older brother and a younger brother.

A2: Well, I come from a large family. I have four older siblings and four younger siblings.

* 예문에서 보듯이 대답할 때 바로 몇 명이라고 하지 않고, Well...(음,)이나 I come from a family of five sons.(저희는 아들이 다섯 명이에요.), It's all guys in our family.(우리 가족은 모두 남자예요.), I come from a large family.(우리는 대가족이에요.)와 같은 표현을 쓰면 훨씬 원어민에 가까운 대답이 될 수 있어요.

　　Q: 형제자매가 몇 명이에요?　A1: 저는 중간이에요. 형 한 명, 남동생 한 명이 있어요.　A2: 음, 저희는 대가족이에요. 형제가 제 위로 넷, 아래로 넷 있어요.

---

Q: Do you (still) live with your parents?

A1: No, I moved out when I started college.

* '대학에 입학했을 때'라는 표현은 When I started college라고 간단히 말할 수 있어요. '대학에 입학했을 때'라고 할때 When I entered college, When I was admitted to college, When I attended college와 같이 복잡하거나 어려운 단어를 쓰지 않고 그냥 When I started college라고 해요.

　　Q: 부모님과 (아직도) 함께 살아요?　A1: 아뇨, 대학 입학했을 때부터 독립해서 살았어요.

---

Q: Do you get along with your brothers?

A1: Well, not really. We're not that close.

A2: Well, we didn't used to get along, but now we're doing OK.

A3: Well, we didn't used to get along, but we've grown closer over the years.

used to 과거 한때는 ~했다

　　Q: 형제분들과 잘 지내요?　A1: 글쎄, 별로 그렇진 않아요. 우린 그렇게 친하지 않아요.　A2: 음, 우린 그렇진 않았어요. 하지만 지금은 잘 지내요.
　　A3: 음, 우린 그렇진 않았어요. 하지만 시간이 지나면서 더 가까워졌죠.

# 원어민처럼 말하기
## 기초 영어 회화 ❹편
### 쇼핑 At the Mall

블프 때 득템하려면? 블프대란! 블프 직구 방법, 한국판 블프 등등. 쇼핑 좀 하신다는 분들은 놓칠 수 없는 기회일 텐데요. 우리가 '블프'라고 부르는 Black Friday(블랙프라이데이)는 11월 마지막 주 목요일 Thanksgiving Day(추수감사절) 다음날인 금요일을 말해요. 미국에서 가장 큰 세일 기간이죠. 할인폭이 워낙 커서 그야말로 '대란'까지 일어난다는데, 이 대란에 동참하고 싶으시다구요? 그렇다면, 소중한 신용카드와 함께 쇼핑에 관련된 영어 표현들도 꼼꼼히 준비해서 가 보실까요!

원어민처럼 말하기

기초 영어 회화

---

## have(get) one's hair cut

머리를 자르다

### I had my hair cut.

나는 머리를 잘랐다. (다른 사람에게 내 머리를 자르도록 시켰다.)

* I had my hair cut.을 가볍게 표현해서 I got a haircut. 또는 I got my hair cut.이라고 해요.

* 누군가에게 머리를 맡겨 자른 경우에는 I cut my hair.라고 하기보다는 'have(get) one's hair cut'이라는 표현을 써야 자연스러워요. 우리말에서는 잘 쓰지 않는 표현이므로 익숙해질 때까지 충분히 연습해 보세요.

---

## paint

페인트를 칠하다

### He had his cafe painted.

그는 카페에 페인트칠을 했다.

### We're having the house painted.

우리는 집에 페인트칠을 하고 있다.

* 자신이 직접 페인트칠을 하지 않고 누군가에게 맡겼을 때 쓸 수 있는 표현이에요.

---

## repair

수리하다

### I had my computer repaired.

나는 컴퓨터를 수리했다.

* 컴퓨터를 누군가에게 부탁하여 수리받았을 때 쓰는 표현으로, 만일 컴퓨터를 직접 수리했다면 I repaired my computer.라고 말해요.

---

## steal

훔치다

(steal-stole-stolen)

### I had my car stolen.

나는 차를 도난당했다.

* I lost my car.라고도 말하며 차를 잃어버렸다거나 어디 있는지 모를 때 쓰죠.

### I had my bag stolen.

나는 가방을 도둑맞았다.

## break into
(자동차 문 등을) 억지로 열다

**He had his car broken into yesterday.**

어제 그의 차에 도둑이 들었다.

**I had my car broken into.**

내 차에 도둑이 들었다.

* 누군가에게 어떤 일을 부탁하거나 대행하게 한 경우뿐만 아니라 원치 않는 일을 당했을 때도 had를 써서 표현해요.

---

## shopping
쇼핑

**I went shopping.**

나는 쇼핑하러 갔다.

**Let's go shopping.**

우리 쇼핑하러 가자.

* shopping[ʃɑːpɪŋ]의 발음은 [쇼핑/샤핑]이 아니라 [셔핑]에 가깝게 발음합니다.

# ~ 있어요? (03:00)

Do you have sweaters?
Do you have this in red?
Do you have this shirt in blue?
Do you have this in any other colors?
Do you have this in a large?
Do you have anything cheaper?

---

### 스웨터 있어요?

# Do you have sweaters?

당신은 가지고 있어요?　　스웨터를

Do you have hoodies? 후드 티 있어요?

* 니트류의 옷을 말할 때 영어로는 주로 sweater라는 표현을 많이 써요.

---

### 이거 빨간색으로 있어요?

# Do you have **this in red?**

당신은 가지고 있어요?　　이것을　빨간색으로

Do you have this in blue?  이거 파란색으로 있어요?
Do you have this in yellow? 이거 노란색으로 있어요?
Do you have this in green? 이거 초록색으로 있어요?

+ 이 셔츠 파란색으로 있어요?

# Do you have **this shirt** in **blue?**

당신은 가지고 있어요?    이 셔츠를        파란색으로

---

+ 이거 다른 색상으로 있어요?

# Do you have **this** in **any other colors?**

당신은 가지고 있어요?    이것을    다른 색깔로

---

이거 큰 사이즈 있어요?

# Do you have **this** in **a large?**

당신은 가지고 있어요?    이것을    큰 사이즈로

Do you have this in a medium? 이거 중간 사이즈 있어요?
Do you have this in a small? 이거 작은 사이즈 있어요?

* in a large, in a medium, in a small과 같이 크기를 나타낼 때는 앞에 관사 a를 붙입니다.

---

## 다니엘쌤의 원어민 영어 TIP

앞에서 Do you have this in red?(이거 빨간색으로 있어요?)라는 표현을 공부하면서 전치사 in을 강조한 이유는 영어에서 그만큼 전치사가 차지하는 비중이 크기 때문이에요. Do you have this in a large?(이거 큰 사이즈 있어요?)라는 문장만 해도 관사 a와 함께 전치사 in이 나오네요. 이렇듯 전치사가 쓰인 표현이 나올 때마다 무조건 외우려 들기보다는 어떤 전치사가 쓰였는지, 관사가 붙었는지 안 붙었는지 의식하면서 공부하는 게 좋아요. 그게 바로 영어로 말할 때 전치사에 발목 잡히지 않는 비결입니다.

---

이거 4 사이즈 있어요?

# Do you have **this** in **a (size) 4?**

당신은 가지고 있어요?    이것을    4 (사이즈)로

---

좀 더 싼 거 있어요?

# Do you have **anything** cheaper?

당신은 가지고 있어요?    ~ 것을        값이 더 싼

**AVOID** Do you have cheaper anything? (X)
'좀 더 싼 것'이라고 말할 때 우리말 어순대로 cheaper anything이라고 말하면 틀린 표현입니다. 반드시 anything cheaper라고 말해야 해요.

* cheaper는 cheap(값이 싼)의 비교형으로, 형용사이므로 앞에 관사를 붙이지 않습니다. 예를 들어 rich도 형용사이므로 앞에 He's a rich.와 같이 관사를 붙이면 틀린 표현입니다. 따라서 He's rich.와 같이 관사를 쓰지 않거나, 만약 관사를 쓴다면 He's a rich person/man.과 같이 뒤에 person 혹은 man이라는 단어가 따라야 올바른 문장이 됩니다.

What's your size?
I'm a large.
I'm a medium.
I'm a 1, 2 etc.
Do you do alterations?

---

### 사이즈가 어떻게 되세요?
# What's your size?

뮈예요?　　당신의 사이즈가

\* 사이즈를 말할 때는 your size와 같이 소유격으로 나타냅니다.

---

### 라지예요.
# I'm a large.

저는 라지예요

\* 사이즈를 말할 때는 My size is ~라고 표현하기보다는 I'm a medium.(미디엄이에요.), I'm a small.(스몰이에요.)과 같이 I'm a ~라는 표현을 더 많이 써요. 앞서 강의에서 다루었듯이 My family is four.는 틀린 표현이지만, 사이즈를 말할 때만큼은 I'm a large.(라지예요.)라고 해도 괜찮습니다. 참, 관사 a가 붙는다는 것도 기억해 두세요.

---

### 제 사이즈는 라지예요.
# My size is large.

제 사이즈는　　라지예요

---

### + 저는 1이에요.
# I'm a 1.

저는 1이에요

\* 옷의 사이즈를 말할 때는 I'm a 뒤에 1이나 2와 같이 사이즈를 뜻하는 숫자를 쓰면 됩니다.

---

### 미디엄 사이즈가 맞겠네요.
# You look like a medium.

당신은　~인 것처럼 보여요　미디엄 사이즈

look like ~인 것처럼 보이다

라지 사이즈가 맞을 거 같아요.
## You look like a large.
당신은   ~인 것처럼 보여요   라지 사이즈

---

엑스트라 라지 사이즈가 맞을 거 같아요.
## You look like an extra-large.
당신은   ~인 것처럼 보여요   엑스트라 라지 사이즈

---

\+ 수선해 주나요?
## Do you do alterations?
당신은 하나요?   수선을

alteration 고침, 변경

## NOTES 강의를 들으며 나만의 대답이나 궁금한 내용을 메모해 두세요.

On sale! / For sale!
They have books for sale on the first floor.
They have books on sale on the first floor.
When will these go on sale?
When do these go on sale?
Do these ever go on sale?
When is your next sale?
Off season
Buy one get one free!

---

**1층에서 책을 판매하고 있어요.**

## They have books for sale on the first floor.

그들은 가지고 있어요　　책을　　　　판매 중인　　　1층에서

\* for sale은 상품을 팔려고 내놓은, 즉 '판매 중'이라는 뜻이에요. 할인 판매의 의미는 들어 있지 않아요.

---

**1층에서 책을 할인 판매하고 있어요.**

## They have books on sale on the first floor.

그들은 가지고 있어요　　책을　　　　할인 판매 중인　　　1층에서

\* on sale은 상품을 저렴한 가격에 팔려고 내놓은, 즉 '할인 판매 중'이라는 뜻이에요. 흔히 말하는 '세일'의 의미가 들어 있죠.

---

**이거 언제 세일에 들어갈 거예요?**

## When will these go on sale?

언제 ~ 거예요?　　　이것들은　　　세일에 들어갈

---

**언제 세일에 들어가나요?**

## When do these go on sale?

언제　　　　　이것들은　　　세일에 들어가나요?

그것은 세일에 들어갔어요.

## It went on sale.

그것은 세일에 들어갔어요

---

이거 세일하기는 하는 건가요?

## Do these ever go on sale?

이것들은 ~나요?　　한 번이라도 세일에 들어가

---

다음에 언제 세일해요?

## When is your next sale?

언제인가요?　　당신의　　다음 세일은

**AVOID** season off (X)
비수기 할인 판매를 뜻하는 '시즌 오프 세일'이라는 말을 많이 쓰는데, 정확한 표현은 off season 이에요. 그 외에도 폐점 세일이나 창고정리 세일을 뜻하는 말로 going-out-of-business sale, clearance sale 등이 있어요.

---

+ 하나 사면 하나가 공짜!

## Buy one get one free!

하나를 사면　　　　하나를 공짜로 얻다

\* 원 플러스 원(1+1)에 해당하는 영어 표현이에요.

# NOTES 강의를 들으며 나만의 대답이나 궁금한 내용을 메모해 두세요.

Bargain hunting
My dad's a real bargain hunter.
I got a great deal on this.
I got a good deal on this.
It's a steal at that price.

---

### 그녀는 바겐헌터예요.
## She's a bargain hunter.

그녀는     바겐헌터예요

* bargain(정상가보다 싸게 사는 물건) + hunter(~을 찾아다니는 사람), 즉 bargain hunter는 '물건을 싸게 잘 골라 사는 사람'을 뜻해요. 또, '싸고 질 좋은 물건만 찾아다니는 것'을 bargain hunting이라고 하죠.

---

### 우리 아빠는 물건을 싸게 잘 사오세요.
## My dad's a real bargain hunter.

우리 아빠는     진정한     바겐헌터예요

* He's a total bargain hunter.(그는 완전한 바겐헌터다.)라는 표현은 He's really thrifty.로 바꿔 말할 수 있어요. 앞서 3편에서 배운 단어 thrifty를 써서 비슷한 표현을 만들 수 있어요.

---

### 이거 싸게 잘 샀어요.
## I got a great deal on this.

저는 싸게 잘 샀어요     이것을

* deal은 본래 '거래'를 뜻하는데, 여기서는 get a great deal on의 형태로 '~을 좋은 조건에 잘 사다'라는 뜻으로 쓰였어요. I got a good deal on this.도 같은 표현입니다.

---

### 그 가격이면 거저나 마찬가지예요.
## It's a steal at that price.

공짜나 마찬가지예요     그 가격이면

A: How much did you pay for this coffee? 이 커피 얼마였어요?
B: It was a steal. 공짜나 다름없었어요.

A: How much did you pay for that sweater? 그 스웨터 얼마 주고 샀어요?
B: I only paid 5,000 won. 5천원밖에 안 줬어요.
A: It was a steal. 거저나 마찬가지네요.

be a steal (값이 너무 싸서) 공짜나 마찬가지이다

# 좀 둘러보고 오는 게 좋겠어요 (10:20)

I'd better look around a little more.
I'm just browsing.
I'm just window shopping.
I'm going to shop around a little bit.
I'm not ready to make a decision.
I need my wife's approval on this.
I need to talk to my wife before I make a decision.

---

한 번 둘러보고 다시 올게요.
## I'm going to look around. I'll come back later.
저는 ~ 거예요    둘러볼    저는 ~예요 돌아올 거    후에

---

\+ 좀 둘러보고 오는 게 좋겠어요.
## I'd better look around a little more.
저는 ~ 좋겠어요    둘러보는 게    조금 더

---

그냥 구경하고 있어요.
## I'm just looking around.
저는 그냥 ~ 중이에요 둘러보는

\* I'm just browsing.도 같이 쓸 수 있는 표현이에요. 여기서 browsing은 컴퓨터 브라우징과 같은 말입니다. 비슷한 발음의 blouse[blaus]와 혼동하기 쉬우니 browse[brauz]로 주의해서 발음하세요.

browse (가게 안의 물건들을) 둘러보다, 훑어보다

---

그냥 아이쇼핑 하는 중이에요.
## I'm just window shopping.
저는 그냥 ~ 중이에요 아이쇼핑 하는

**AVOID** I'm just eye shopping. (X)
window shopping은 물건은 사지 않고 진열품을 구경만 하는 쇼핑을 말해요. 우리말에서는 윈도우쇼핑, 아이쇼핑 둘 다 쓰지만, 원어민들은 eye shopping이라는 말은 쓰지 않아요.

먼저 좀 둘러봤어요?

# Did you shop around first?

당신은 여기저기 다녀 봤어요?　　　먼저

shop around (가장 나은 것을 고르기 위해) 가게를 돌아다니다

---

+ 좀 더 가게를 돌아다녀 볼게요.

# I'm going to shop around a little bit.

저는 ~ 거예요　　　가게를 돌아다닐　　　조금 더

---

아직 결정을 못 하겠어요.

# I'm not ready to make a decision.

저는 준비가 안 됐어요　　　결정을 내릴

* 간혹 상점에서 물건을 자꾸 사라고 하는 점원들이 있어 곤란할 때가 있는데요. 그런 경우에 핑계처럼 쓸 수 있는 재미있는 영어 표현들을 익혀 보세요.

make a decision 결정하다, 결정을 내리다

---

이건 아내에게 허락을 받아야겠어요.

# I need my wife's approval on this.

저는 필요해요 제 아내의 허락이　　　이것에 관해서

approval 인정, 찬성, 승인

---

### 다니엘쌤의 원어민 영어 TIP

앞서 4/10에서 배운 I got a great deal on this.(이거 싸게 잘 샀어요.)와 위 문장 I need my wife's approval on this.(이건 아내에게 허락을 받아야겠어요.)라는 표현에 공통적으로 들어 있는 on this의 발음을 주의 깊게 들어 보세요. 미국식 영어에서는 on[ɔːn] 다음에 오는 this의 'th[ð]' 발음이 생략되기도 해요. this 앞에 전치사 in[ɪn]이 와도 마찬가지입니다. 물론 영어 회화에서 꼭 이렇게 발음해야 하는 건 아니지만 동영상 강의를 듣거나 원어민과 대화할 때 알아 두면 좋은 발음 현상입니다.

---

결정하기 전에 아내에게 물어봐야겠어요.

# I need to talk to my wife before I make a decision.

저는 얘기할 필요가 있어요　　　제 아내에게　　　제가 결정을 내리기 전에

Wear vs try on
I'd like to try this on.
Where are the dressing rooms?
Wear socks/a hat/a watch/cologne
Can I wear these out of the store?

---

### 이거 한 번 입어 볼게요.
## I'd like to try this on.
저는 ~ 싶어요     입어 보고 이것을

**AVOID** I'd like to wear this. (X)
wear와 try on의 쓰임에 주의하세요. 우리말로 두 단어 모두 '입다'로 해석되지만, 상점에서 마음에 드는 옷을 입어 보고 싶다고 할 때는 wear를 쓰지 않고 try on이라고 해야 합니다.

> I'm wearing a striped sweater. 저는 줄무늬 스웨터를 입고 있어요.
> Can I try this on? 제가 이걸 입어 봐도 될까요?

### 탈의실이 어디예요?
## Where are the dressing rooms?
어디에 있어요?     탈의실이

\* dressing room은 fitting room, changing room이라고도 하죠. 미국식과 영국식 구분 없이 쓰는 말이에요. 한편, '쓰레기통'이라는 단어는 미국에서는 trash can, wastebasket, garbage can이라고 하지만 영국에서는 rubbish bin이라고 불러요. 이처럼 미국식과 영국식 영어에서는 뜻은 같은데 다른 단어를 쓰는 경우가 종종 있으니 나올 때마다 기억해 두세요.

---

### 새로 산 걸 신고 갈 거예요. (옛날 건 버려 주세요.)
## I'd like to wear these out (of the store).
저는 ~ 싶어요     입고(신고) 가고 이것들을     (매장 밖으로)

\* 신발을 구입한 매장에서 '새로 산 신발을 신고 갈 테니 낡은 건 버려 주세요.'라고 할 때 wear를 써서 말해요.

**PLUS** Your jacket is all worn out.(당신 재킷이 다 낡았네요.)에서와 같이 wear out에는 '(낡아서) 닳다'라는 의미도 있어요. ( wear-wore-worn)

\* 일반적으로 wear는 착용하고 있는 상태를 나타내는 동사죠. 옷, 모자, 신발, 장갑, 장신구 등을 '착용하고 있다'라고 표현할 때 모두 쓸 수 있습니다.
I'm wearing socks. 나는 양말을 신고 있다. I'm wearing a hat. 나는 모자를 쓰고 있다.
I'm wearing a watch. 나는 시계를 차고 있다. I'm wearing cologne. 나는 향수를 뿌렸다.

---

### + 이거 입고 가도 될까요?
## Can I wear these out of the store?
제가 입고 나가도 될까요?    이것들을     매장 밖으로

How does it look?
How does it look on me?
How's the fit?
How does it fit?
Does it make me look fat?
That looks great on you!
That sweater looks great on you!
That dress is so you!

---

이거 어때요?
# How does it/this look?
어떻게        이것이     보이나요?

---

이거 저한테 어때 보여요?
# How does it look on me?
어떻게        이것이 보이나요? 제가 입어서

\* How do I look?이라고 바꿔 말할 수도 있지만, 두 표현의 뉘앙스 차이가 있어요. How does it look on me?는 '이거 입어서 어떻게 보여요?'라는 뜻이고, How do I look?은 '제가 어떻게 보여요?'라는 뜻입니다. 우리말로 비슷하게 해석되긴 하지만 서로 강조하는 부분이 다르죠.

---

A: 어때요? 잘 맞아요?
# How's the fit?
잘 맞나요?

\* How does it fit?이라고 바꿔 말할 수도 있어요.

---

B: 약간 커요.
# It's a little big.
그것은 약간      커요

---

약간 헐렁해요.
# It's a little loose. / It's a little baggy.
그것은 약간     헐렁해요      그것은 약간      헐렁해요 너무 꽉 껴요.

# It's too tight.

그것은  너무   딱 붙어요

---

A: 이거 입으니까 뚱뚱해 보여요?

# Does it make me look fat?

이것이        ~ 하나요?   나를   뚱뚱해 보이게

---

B: 아니요! 그거 당신한테 정말 잘 어울려요!

# No! That looks great on you!

아니요  그것이    멋져 보여요      당신이 입어서

---

그 스웨터 당신한테 정말 잘 어울려요!

# That sweater looks great on you!

그 스웨터는          멋져 보여요      당신이 입어서

---

그 드레스가 딱 당신 스타일이네요!

# That dress is so you!

그 드레스는          딱 당신이에요

\* That color is so you!  당신한테 딱 맞는 색깔이에요!

# NOTES 강의를 들으며 나만의 대답이나 궁금한 내용을 메모해 두세요.

# 그게 유행이에요 (17:09)

That's in style.
That's just a fad.
That's in fashion.
That's in style right now.
That's all the rage right now.
That's not in style anymore.
It's back in fashion.

---

### 그게 유행이에요.
## That's in style.
그것이     유행이에요

\* 유행하는 스타일과는 달리 시간을 초월해서 이어져 오는 스타일, 가령 백 년 전이나 지금이나 그 모습이 변함없는 턱시도 같은 스타일을 말할 때, It transcends time. (시간을 초월한다.), It's a timeless look.(유행을 타지 않는 스타일이다.), It's a classic look/style.(고전적인 스타일이다.)이라고 표현하죠.

---

### 그것은 그냥 반짝 유행이에요.
## That's just a fad.
그것은     단지 (일시적인) 유행이에요

---

### 그게 유행이에요.
## That's in fashion.
그것이     유행이에요

---

### + 그게 요즘 유행이에요.
## That's in style right now.
그것이     유행이에요     지금은

---

### + 그게 요즘 인기 있어요.
## That's all the rage right now.
그것이     인기 있어요     지금은

all the rage 매우 인기 있는, 유행인, 핫한 그건 유행이 아니에요.

**That's** not in fashion.

그것은      유행이 아니에요

---

그건 더 이상 유행이 아니에요.

**That's** not in style **anymore.**

그것은      유행이 아니에요      더 이상

---

+ 그게 다시 유행하고 있어요.

**It's** back in fashion.

그것이 다시 유행이에요

# NOTES 강의를 들으며 나만의 대답이나 궁금한 내용을 메모해 두세요.

# 현금으로 계산하시겠어요, 카드로 하시겠어요? (17:58)

---

Will that be cash or credit?
I'll pay in cash.
I'll put it on my card.
What cards do you take?
Where can I pay for these?

---

**현금으로 계산하시겠어요, 카드로 하시겠어요?**

## Will that be cash or credit?

하시겠어요?　　　현금 혹은 카드로

\* Cash or credit?라고 간단히 말할 수도 있어요.

---

**현금으로 할게요.**

## I'll pay in cash.

저는 낼게요　　현금으로

---

**카드로 할게요.**

## I'll put it on my card.

저는 지불할게요　　제 카드로

I'll put it on my Mastercard. 마스터카드로 계산할게요.
I'll put it on my American Express card. 아메리칸 익스프레스 카드로 계산할게요.

\* 카드로 계산한다고 할 때는 전치사 in이 아닌 on을 써서 put it on my card라고 표현해요.

---

**어떤 카드를 받나요?**

## What cards do you take?

무슨 카드를　　　당신은 받나요?

---

**+ 이거 어디서 계산하죠?**

## Where can I pay for these?

어디에서　　　제가 계산할 수 있어요? 이것에 대해

Refunds and exchanges
I want to take back this shirt.
I'd like to get a refund for this.
I'd like to exchange this. It doesn't fit. / It's not my style.
I got a refund and used it to buy something else.
I exchanged it for something else.

---

이거 선물 받았는데, 사이즈가 안 맞아요.

**I got this as a gift, but it's the wrong size.**

저는 받았어요 이것을 선물로　　하지만 이게 잘못된　　사이즈예요

---

이게 저한테 너무 커서 반품하려고요.

**It's too big for me, so I'm planning on taking it back.**

그것은 너무 커요　저에게　　그래서 저는 ~ 계획이에요　반품할　그것을

* take back은 상점에 가서 직원에게 반품을 요구할 때 쓸 수 있는 표현은 아닙니다. 상점으로 가기 전에 '들고 가겠다(take back)'라고 할 때 쓰는 표현이에요.

---

이 스웨터가 너무 작아서 반품하려고요.

**I'm going to take back this sweater because it's too small.**

저는 ~ 거예요　　반품할　　이 스웨터를　　왜냐하면　그것이 너무 작아요

---

+ 이 셔츠를 반품하고 싶어요.

**I want to take back this shirt.**

저는 ~ 원해요 반품하기를　　이 셔츠를

---

환불하실 건가요, 그냥 교환만 하실 건가요?

**Are you going to get a refund or just exchange it?**

당신은 ~ 건가요?　　　환불받을　　아니면 단지　교환할　　그것을

get a refund 환불받다. 변제받다
exchange 교환하다

환불해 주세요. 현금이 필요해서요.

**I want to get a refund. I need the cash.**

저는 ~ 원해요   환불받기를          저는 필요해요   현금이

---

같은 디자인의 스웨터로 사이즈만 바꿀 거예요.

**I'm going to exchange it for the same sweater in a different size.**

저는 ~ 거예요        교환할        그것을 똑같은 스웨터로          다른 사이즈의

---

+ 이거 환불해 주세요.

**I'd like to get a refund for this.**

저는 ~ 싶어요      환불받고          이것을

---

+ 이거 사이즈가 안 맞아서 / 제 스타일이 아니어서 교환하고 싶은데요.

**I'd like to exchange this. It doesn't fit. / It's not my style.**

저는 ~ 싶어요      교환하고        이것을    그것이 잘 맞지 않아요        그것은 아니에요 제 스타일이

---

+ 환불받아서 다른 걸 사는 데에 썼어요.

**I got a refund and used it to buy something else.**

저는 환불받았어요        그리고      썼어요    그것을 다른 것을 사는 데

---

+ 저는 다른 걸로 교환했어요.

**I exchanged it for something else.**

저는 교환했어요        그것을 다른 것으로

## QUIZ 질문을 듣고 자기만의 모범 답안을 완성해 보세요.

Q: 이 스웨터가 마음에 드는데 너무 작아요. 혹시 큰 사이즈로 있나요?

A:

Q: 네. 하나 갖다 드릴게요. / 아니요. 죄송하지만 더 큰 사이즈가 없습니다.

A:

Q: 저 어때요? / 이거 저한테 어울려요?

A:

Q: 딱 네 스타일이야! / 정말 당신 스타일은 아니네요. / 당신한테 색깔이 안 어울리네요. / 좀 작은 거 같아요.

A:

Q: 이거 생일 선물로 받았는데 내 스타일 아냐.

A:

Q: 환불받지 그래? / 네 마음에 드는 다른 걸로 바꾸지 그래?

A:

# ANSWER 마이클쌤과 다니엘쌤의 답안입니다.

---

Q: 이 스웨터가 마음에 드는데 너무 작아요. 혹시 큰 사이즈로 있나요?

A: I like this sweater but it's a little too small. Do you have it in a large?

* '혹시 큰/작은 사이즈로 있나요?'라고 물어볼 때 Do you have larges/smalls?라고 할 수도 있지만, Do you have it in a large/small?이라고 표현하는 게 가장 적당해요. 또, 더 큰 사이즈를 찾을 때는 Do you have it in a larger size?, 더 작은 사이즈를 찾을 때는 Do you have it in a smaller size?라고 표현하면 됩니다.

    A: 이 스웨터가 마음에 드는데 너무 작아요. 혹시 큰 사이즈로 있나요?

---

Q: 네. 하나 갖다 드릴게요. / 아니요. 죄송하지만 더 큰 사이즈가 없습니다.

A1: Yeah. Let me grab you one.

* let me ~를 써서 정중한 말투를 나타냅니다. 또 grab 대신 get을 쓸 수도 있지만 좀 더 생생한 느낌을 위해 grab을 썼어요.

A2: No. I'm afraid we don't have any larger sizes.

A3: No. I'm afraid we're sold out.

* sold out은 '다 팔린, 매진된'이라는 뜻으로, '죄송하지만 다 팔렸네요.'라는 의미로 쓰였어요.

A4: No. I'm sorry. What you see is what we've got.

* What you see is what we've got.은 '지금 보시는 게 전부예요.'라는 표현으로, What you see is all we have.로 바꿔 말할 수도 있어요.

    A1: 네. 하나 갖다 드릴게요.   A2: 아니요. 죄송하지만 더 큰 사이즈가 없습니다.   A3: 죄송하지만 다 팔렸네요.   A4: 아니요. 죄송하지만 지금 보시는 게 전부예요.

---

Q: 저 어때요? / 이거 저한테 어울려요?

A1: How do I look?

A2: How does this look on me?

    A1: 저 어때요?   A2: 이거 저한테 어울려요?

**Q: 딱 네 스타일이야! / 정말 당신 스타일은 아니네요. / 당신한테 색깔이 안 어울리네요. / 좀 작은 거 같아요.**

## A1: It's so you!

＊ 원어민들이 자주 쓰는 표현입니다. 예를 들어, That coat is so you!(그 코트가 너다워!)라고 표현하면 '코트가 너한테 잘 어울려!'라는 뜻이 되겠죠.

## A2: It's not really your style.

## A3: It's not your color.

## A4: I think it's a little tight.

I think it's a little baggy. / I think it's a little loose. 좀 헐렁한 거 같아요.
It's in fashion to wear it tight. 요즘 꽉 끼게 입는 게 유행이에요.
It's in fashion to wear those jeans baggy. 요즘 헐렁한 청바지 입는 게 유행이에요.

**A1:** 딱 네 스타일이야!   **A2:** 정말 당신 스타일은 아니네요.   **A3:** 당신한테 색깔이 안 어울리네요.   **A4:** 좀 작은 거 같아요.

---

**Q: 이거 생일 선물로 받았는데 내 스타일 아냐.**

## A1: I got it as a birthday present, but it's not really my style.

## A2: I got it for my birthday, but it's not really my style.

＊ '생일 선물로 받았다'라고 말할 때 as a birthday present를 써도 괜찮지만 for my birthday라고 간단히 표현하기도 해요.

I got it for Christmas. 난 그거 크리스마스 선물로(크리스마스 때) 받았어.
What are you getting your mom for Christmas? 넌 엄마께 드릴 크리스마스 선물 뭐 살 거야?

**A1:** 이거 생일 선물로 받았는데 스타일 아냐.   **A2:** 이거 생일에 선물 받았는데 내 스타일 아냐.

---

**Q: 환불받지 그래? / 네 마음에 드는 다른 걸로 바꾸지 그래?**

## A1: Why don't you get a refund?

＊ get a refund는 '환불받다'라는 뜻으로, How about getting a refund?나 Go and get a refund.도 같은 뜻의 표현이에요.

## A2: Why don't you exchange it for something you like?

I want to exchange this for a smaller size. 이거 좀 더 작은 사이즈로 바꾸고 싶은데요.
It's too loose. / It's a little too baggy. I'd like to exchange it for something tighter. 이거 너무 헐렁해요. 좀 더 딱 붙는 걸로 바꾸고 싶어요.

**A1:** 환불받지 그래?   **A2:** 네 마음에 드는 다른 걸로 바꾸지 그래?

# 원어민처럼 말하기
# 기초 영어 회화 **⑤편**

## 영화와 방송 Talking About Movies and TV

시작은 분명 영어 공부였는데 말이죠. 미드 시리즈를 챙겨 보다 보면 다음이 궁금해서 공부는 뒷전, 멋진 배우들과 스토리에 빠져 영영 헤어나오질 못하게 된다는 슬픈 이야기가 있어요. *Desperate Housewives*(위기의 주부들), *Prison Break*(프리즌 브레이크), *Grey's Anatomy*(그레이 아나토미), *Big Bang Theory*(빅뱅이론) 등등, 재미있는 미드를 정주행 하다 보면 어느새 여러분의 영어 실력도 한층 업그레이드될 거예요. American TV shows의 재미만 따르지 말고 초심(미드로 영어 공부하겠다는)도 챙기시길!

원어민처럼 말하기

▶

기초 영어 회화

**plan**
계획

I have a plan to get you out of here.
너를 여기서 나가게 해 줄 계획이 있다.

**plans**
약속

I have plans.
나는 약속이 있다.

---

**desperate**
간절히 원하는

He's really desperate.
그는 정말로 간절하다. (오랫동안 솔로로 지내서 이제 누구든 기꺼이 사귀려고 하는 마음이 있다. )

---

**serial killer**
연쇄 살인범

**series**
시리즈

**sequel**
속편

**prequel**
그 이전의 일들을 다룬 속편

---

**live up to**
(~의 기대에) 부응하다

It didn't live up to the expectations.
그것은(그 영화는) 기대에 미치지 못했다.
expectation 예상, 기대

**letdown**
실망

It was a big letdown!
그것은(그 영화는) 정말 실망스러웠다!

**let somebody down**
~을 실망시키다

He really let me down.
그는 정말로 나를 실망시켰다.

**disappointing**
실망스러운

It was disappointing.
실망스러웠다.

**disappointed**
실망한

I was disappointed.
나는 실망했다.

# 가장 좋아하는 영화가 뭐예요? (05:24)

원어민처럼 말하기 5편!
**영화와 방송**

---

What's your favorite movie?
Do you have a favorite movie?
What's your least favorite movie?
My favorite (movie) is ~.
I'd probably say ~ is my favorite/my least favorite.
My all-time favorite is ~.
No, I don't really have a favorite.

---

### 가장 좋아하는 영화가 뭐예요?
## What's your favorite movie?

뭐예요?　　　당신이 가장 좋아하는　　　영화가

---

### 좋아하는 영화 있어요?
## Do you have a favorite movie?

당신은 가지고 있어요?　　　가장 좋아하는　　　영화를

\* 직업을 물어볼 경우에는 실례가 될 수도 있으므로 What's your job?과 같은 직접적인 표현은 피하고 What do you do?라고 물어보죠. 하지만 영화에 대해 물어볼 때는 What's your favorite movie?, Do you have a favorite movie? 두 표현 모두 쓸 수 있어요.

## 좋아하는 배우 있어요?
# Do you have a favorite actor?
당신은 가지고 있어요?　　가장 좋아하는　　　　배우를

Do you have a favorite actress? 좋아하는 여배우 있어요?

---

## 좋아하는 연예인 있어요?
# Do you have a favorite celebrity?
당신은 가지고 있어요?　　가장 좋아하는　　　　연예인을

\* celebrity는 '연예인, 유명인, 잘 알려진 사람'이라는 뜻으로, 줄여서 celeb라고도 해요. 또, celebrity news(연예인 뉴스), celebrity gossip(연예인의 뜬소문)이라는 표현도 많이 쓰죠. 여기서 gossip[gɑːsɪp]의 발음은 [가쉽]이 아니라 [가습]에 가깝게 해야 원어민의 발음에 가깝습니다.

---

### 다니엘쌤의 원어민 영어 TIP

앞서 얘기한 gossip의 발음에서 주의해야 할 점을 좀 더 구체적으로 살펴보면, s를 sh처럼 발음해선 곤란하고, i를 너무 [이]라고 발음하면 안 된다는 것입니다. 그 이유는 i가 있는 음절에는 강세가 없어서 'schwa 현상'이 일어나기 때문이죠. 여기서 'schwa 현상'이란 강세가 없는 모음의 경우 [으]나 [어] 정도로 발음이 되는 것을 말하는데, 외래어의 우리말 표기와 실제 원어민의 발음이 차이가 나는 이유도 바로 이 현상 때문입니다. 원어민에 가까운 영어를 구사하기 위해서는 발음을 무시할 순 없겠죠. 가장 중요한 발음 현상 중 하나인 'schwa 현상'부터 차근차근 공부해 보세요.

---

## + 가장 싫어하는 영화가 뭐예요?
# What's your least favorite movie?
뭐예요?　　　당신이 가장 싫어하는　　　　　영화가

\* least는 '가장 덜, 최소로'라는 뜻으로, little의 최상급 형태입니다.

---

## 제가 좋아하는 것은/좋아하는 영화는 ～예요.
# My favorite (movie) is ～.
제가 좋아하는 것은/좋아하는 영화는 ~예요

---

## 글쎄요, 제가 좋아하는 것은/좋아하는 영화는 ～예요.
# I'd probably say my favorite (movie) is ～.
저는 아마 말할 수 있어요　　　제가 좋아하는 것은/좋아하는 영화는 ~라고

\* I'd probably say ~는 생각을 정리하며 말할 때 쓰는 표현으로, 정중하면서도 부드러운 느낌을 줘요. I'd probably have to say ~라고 바꿔 말할 수도 있습니다.

---

## 글쎄요, ～을 가장 좋아해요/싫어해요.
# I'd probably say ～ is my favorite/my least favorite.
저는 아마 말할 수 있어요　　　~이 가장 좋아하는 것이라고/가장 싫어하는 것이라고

**제가 본 영화 중 가장 좋아하는 영화는 ~예요.**

# My all-time favorite is ～.

제 평생 최고의 영화는 ~예요

\* all-time은 '역대의, 시대를 초월한'이라는 뜻이므로 all-time favorite은 '평생 최고의 것'이라는 표현이 됩니다. 여기서 all[ɔːl]은 [올]이 아니라 [얼]에 가깝게 발음해야 합니다.

**PLUS** It's an adaptation of a Stephen King novel. 그것은 스티븐 킹 소설을 각색한 거예요.

adaptation 각색

---

**+ 이건 세가 가장 좋아하는 영화 중 하나예요.**

# It's one of my all-time favorite movies.

이것은 ~ 하나예요          제 평생 가장 좋아하는 영화들 중

---

**+ 아니요, 저는 좋아하는 영화가 없어요.**

# No, I don't really have a favorite.

아니요    저는 정말 가지고 있지 않아요          가장 좋아하는 영화를

# NOTES 강의를 들으며 나만의 대답이나 궁금한 내용을 메모해 두세요.

What TV shows do you usually watch?
What sports do you follow?
Do you keep up with any American TV shows?
I watch ~ religiously.
I'm a big fan of ~.
I always make sure to catch the new episodes of ~.
I used to watch that show, but I haven't kept up with it recently.
I haven't been following it.

---

무슨 TV 프로를 자주 봐요?

## What TV shows do you usually watch?
어떤 TV 프로그램을          당신은   보통        보나요?

* 여기서 show는 토크쇼와 같은 특정 프로그램만이 아니라 드라마, 예능 등을 모두 포함한 프로그램이라는 뜻이에요. 또, '지금 뭐 하고 있어?'라는 물음에 I'm watching a drama.(드라마 보고 있어.)와 같이 구체적인 답변이 나올 법한데, 미국인들은 대개 I'm watching TV.(TV 보고 있어.)라고 간단히 대답하죠. 어떤 프로그램을 보는지, 어떤 프로그램을 좋아하는지 물어야만 I'm watching a drama.(드라마 보고 있어.), I like soap operas.(드라마를 좋아해.)와 같이 구체적으로 얘길 합니다.

I'm watching TV. 나 TV 보고 있어.
I like watching TV. 나 TV 보는 거 좋아해.
I like detective shows. 나는 수사드라마를 좋아해.          detective 형사, 수사관, 탐정

---

### 다니엘쌤의 원어민 영어 TIP

우리가 방송에서 많이 쓰는 '프로그램(program)'이라는 단어가 영어이긴 하지만 원어민들은 잘 쓰지 않습니다. 미국에서는 TV 방송을 통틀어 show라고 표현해요. 토크쇼나 버라이어티쇼 등을 show라고 부르는 우리와는 다른데요. 예를 들어, '난 시간 날 때 미드를 봐.'라고 말하고 싶으면 I watch American TV (shows) in my free time.이라고 표현합니다. 여기서 shows는 생략하는 경우가 더 많아요.

show TV에서 하는 모든 방송, 프로그램 | American TV (shows) 미드

잘 챙겨 보는 미국 TV 프로가 있어요?

## Do you follow any American TV shows?

당신은 챙겨 보나요?　　　　미국 TV 프로그램을

* follow는 '따라가다'라는 뜻과 함께 '관심을 갖고 신경을 쓰다'라는 뜻으로도 쓰이죠. 따라서 방송 같은 경우 '챙겨 보다'라는 의미로 쓸 수 있어요.

I really follow baseball. 난 야구는 꼭 챙겨 봐.

---

+ 무슨 스포츠를 챙겨 봐요?

## What sports do you follow?

무슨　　　스포츠를　　　당신은 챙겨 보나요?

---

+ 빠짐없이 보는 미국 TV 프로가 있어요?

## Do you keep up with any American TV shows?

당신은 뒤처지지 않고 보나요?　　　　미국 TV 프로그램을

* keep up with는 '뒤처지지 않도록 하다, 따라잡다, 따라가다'라는 뜻으로, follow와 같은 의미로 씁니다.

---

저는 정말 아무것도 챙겨 보는 게 없어요. 최근에는 미국 TV 프로그램에 관심을 갖지 못했어요.

## I don't really follow any TV shows. I haven't really been paying attention to

저는 정말로 챙겨 보지 않아요　　　　어떤 프로도　　　　저는 정말로 관심을 갖지 못했어요

## American TV recently.

미국 TV 프로그램에　　　최근에

pay attention to ~에 관심을 갖다

---

저는 ~을 아주 열정적으로 봐요.

## I watch ~ religiously.

저는 봐요　　~을　　열정적으로

---

저는 그 드라마를 열정적으로 챙겨 보고 있어요.

## I watch that show religiously.

저는 봐요　　그 드라마를　　　열정적으로

* religiously는 '(종교처럼) 아주 열정적으로'라는 뜻으로, 규칙적으로 교회를 다니며 신앙생활을 하듯이 드라마를 열심히 볼 때 쓰는 표현이에요.

A: Have you heard of *The Walking Dead*? '워킹 데드'라는 드라마 알아요?
B: Oh, yeah. I'm a big fan of that show. I watch that show religiously. 아, 네. 저 그 드라마 왕팬이에요. 저는 그 드라마를 열정적으로 챙겨 보고 있어요.

---

~의 광팬이에요.

## I'm a big fan of ~.

저는　　광팬이에요　　~의

어젯밤에 '워킹 데드'의 새 에피소드 봤니?

## Did you catch the new episode of *The Walking Dead* last night?

너는 봤니?          새 에피소드를          '워킹 데드'의          지난밤에

\* catch a show(프로그램을 보다)에서 '보다'라는 뜻의 watch를 써도 되지만 catch를 쓰면 좀 더 생동감있게 표현할 수 있어요.

---

+ 저는 항상 ~의 새 에피소드를 꼭 보려고 해요.

## I always make sure to catch the new episodes of ~.

저는 항상        반드시          보려고 해요         새로운 에피소드를         ~의

---

+ 예전에는 그 프로를 봤어요. 하지만 요즘엔 챙겨 보지 못 했어요.

## I used to watch that show, but I haven't kept up with it recently.

저는 보곤 했었어요        그 프로그램을        그러나 저는 챙겨 보지 못 했어요        그것을 최근에

---

+ 저는 그것을 챙겨 보지 못하고 있어요.

## I haven't been following it.

저는 챙겨 보지 못하고 있어요        그것을

---

+ 저는 정말 미국 TV (프로그램)를 즐겨 봐요.

## I really enjoy American TV.

저는 정말 즐겨요        미국 TV (프로그램)를

\* 미국 드라마를 말할 때 굳이 American Dramas라고 하지 않고 American TV, TV shows from the US 등이라고 하죠. 또, 뒤에 프로그램이라는 뜻으로 show를 붙이지 않아도 괜찮아요.

Do you watch American TV? 미드 보는 거 있어요?
I like watching TV shows from the US. 저는 미국 프로 보는 걸 좋아해요.

# 어젯밤에 ~ 봤어? (13:34)

A: Did you catch *Game of Thrones* last night?
B: No, I missed it. What happened?
A: Well, there were lots of twists. I wouldn't want to spoil it for you.

---

**A: 어젯밤에 '왕좌의 게임' 봤어?**

## Did you catch *Game of Thrones* last night?

너는 봤어?　　　　　'왕좌의 게임'을　　　　　어젯밤에

---

**B: 아니, 못 봤어. 어떻게 됐어?**

## No, I missed it. What happened?

아니　난 놓쳤어　　　그것을　무슨 일이 일어났어?

---

**A: 음, 많은 반전이 있었지. 너한테 스포일러짓 하고 싶지 않아.**

## Well, there were lots of twists. I wouldn't want to spoil it for you.

음　　　~ 있었어　　　많은 반전이　　　나는 원하지 않아　　　그것의 내용을 밝히는 것을 너를 위해

* twist는 '반전'이라는 뜻으로, 예상 밖의 놀라움을 나타내는 surprise와 바꿔 써서 Well, there were lots of surprises.라고도 할 수 있죠.

* spoil은 원래 '상하다'라는 뜻으로, 영화나 소설, 애니메이션 등의 내용을 미리 밝혀 예비 독자나 시청자의 기분을 상하게 한다는 뜻으로도 쓰여요. spoiler 는 spoil 하는 행위나 그런 행위를 하는 사람을 가리킵니다. 다음 예문을 통해서 자세히 익혀 보세요.

spoil이 '상하다'로 쓰일 때,
spoiled milk 상한 우유 / That salad has spoiled. 그 샐러드는 상했다. / Don't eat that! It's spoiled. 그거 먹지 마! 상했어.

spoil이 '망치다'로 쓰일 때,
spoiler alert 스포일러 주의 / He spoiled it for me. 그 남자가 나한테 스포일러짓 했어. / Don't spoil it for me! 나한테 스포일러짓 하지 마!

A: What are you up to?
B: I'm just watching TV at home.
A: Oh, yeah? What are you watching?
B: I'm binge watching *Game of Thrones*. (I'm) Trying to get caught up before the new season starts.

---

A: 뭐 하고 있어?

# What are you up to?

너는 무엇을 하려고 하니?

---

B: 그냥 집에서 TV 보고 있어.

# I'm just watching TV at home.

나는 단지 보고 있어        TV를   집에서

---

A: 아, 그래? 뭐 보고 있는데?

# Oh, yeah? What are you watching?

아,   그래?    무엇을      너는    보고 있니?

---

B: '왕좌의 게임'을 몰아서 보고 있어. 새로운 시즌 시작하기 전에 다 봐 버리려구.

# I'm binge watching *Game of Thrones*. (I'm) Trying to get caught up before

나는 몰아서 보고 있어         '왕좌의 게임'을        (나는)    다 봐 버리려고 해

# the new season starts.

새 시즌이 시작하기 전에

* binge[bɪndʒ]는 '폭식하다'라는 뜻으로, binge watching은 '몰아서 보다'라는 의미입니다. binge를 말할 때, 끝 모음을 [이]로 생각하고 [빈지]라고 발음하지 않도록 주의하세요. [으]에 가까운 [빈즈]로 발음해야 원어민 발음과 비슷합니다.

* get caught up은 '따라잡다'라는 뜻으로 Let's get caught up!은 '우리 밀린 얘기 좀 하자(오래 못 봤으니)!'라는 표현이에요.

**PLUS** ~ marathon은 마라톤 하듯이 (영화나 드라마를) 처음부터 끝까지 쭉 틀어 주는 것이나 몰아서 보는 것을 뜻해요.
Come over. Let's have a *Game of Thrones* marathon! 집에 와. '왕좌의 게임' 몰아서 보자.
Let's have a *Star Wars* marathon! And get caught up before the new one comes out! 우리 '스타워즈' 몰아서 보자! 새로운 게 나오기 전에 다 봐 버리자!

A: Do you watch any American TV shows?
B: Not really. Why don't you recommend one for me?
A: Well, what kind of shows do you like?
B: I usually like detective shows and scary stuff like that.
A: Have you heard of *The Walking Dead*?
B: No. What's it about?
A: It's a zombie show. It's a lot of fun. You should definitely check it out.

---

A: 미국 TV 프로 보는 것 있나요?

## Do you watch any American TV shows?

당신은 보나요?　　　　　　미국 TV 프로그램을

---

B: 아뇨. 하나 추천해 주시겠어요?

## Not really. Why don't you recommend one for me?

딱히 없어요　　~ 어때요?　　　　추천해 주는 게　　(프로) 하나를 저를 위해

* recommend는 '추천하다, 권하다'라는 뜻으로, 이 동사 뒤에는 사람목적어를 쓰지 않고 추천의 대상이 되는 목적어를 써야 합니다. (suggest도 마찬가지예요.) 다양한 예문을 통해 익혀 보세요.

Michael recommended me to come here. (X)
Michael recommended this café to me. (O) 마이클이 내게 이 카페를 추천했다.
Michael recommended this show to me. (O) 마이클은 내게 이 프로를 추천했다.
Michael recommended that I watch this show. (O) 마이클은 내가 이 프로를 봐야 한다고 추천했다.
(that절의 동사는 반드시 동사원형을 쓰고, 접속사 that은 생략할 수 있어요.)

---

A: 음, 어떤 종류의 프로를 좋아하세요?

## Well, what kind of shows do you like?

음　　어떤 종류의 프로를　　　　당신은 좋아해요?

* what kind of shows는 하나의 덩어리로 이루어진 의문사예요. 종류를 나타내는 kind 대신 genre라는 말을 넣어 what genre of shows라고 할 수도 있는데, 여기서 genre 발음에 주의해야 한다는 사실 잊지 않으셨죠? 우리말처럼 [장르]라고 발음하면 원어민은 알아듣지 못한답니다. 이때는 그냥 발음하기 쉬운 kind를 쓰는 게 좋아요.

B: 보통 범죄 드라마와 공포물 같은 것을 좋아해요.

## I usually like detective shows and scary stuff like that.

저는 보통 좋아해요    범죄 프로와           공포물 같은 것을

---

+ A: '워킹 데드'라고 들어 본 적 있어요?

## Have you heard of *The Walking Dead*?

들어 본 적이 있나요?        '워킹 데드'에 대해서

---

+ B: 아뇨. 무슨 내용인데요?

## No. What's it about?

아뇨    무엇에 관한 것인가요? 그것은

---

+ A: 좀비 프로인데요. 엄청 재미있어요. 정말로 꼭 한번 보세요.

## It's a zombie show. It's a lot of fun. You should definitely check it out.

그것은 좀비 프로예요      그것은 엄청나게 재미있어요    당신은 ~해야 해요    분명히    확인    그것을

# NOTES 강의를 들으며 나만의 대답이나 궁금한 내용을 메모해 두세요.

# 영화 어땠어요? (21:02)

How was the movie?
How did you like the movie?
It was fun. / It was a lot of fun!
It was funny.
It was interesting.
It was entertaining.
It was great.
It was a little far-fetched.
The special effects weren't realistic.
It was really corny.

---

**영화 어땠어요?**

## How was the movie?

어땠어요?　　　영화가

---

**영화 어땠어요?**

## How did you like the movie?

어땠어요?　　　　　　영화가

---

**재미있었어요.　　정말 재미있었어요!**

## It was fun. / It was a lot of fun!

그것은 재미있었어요　　　그것은　　정말 재미있었어요

* 영화의 내용이 재미있었다는 뜻이에요.

---

**웃겼어요.**

## It was funny.

그것은 웃겼어요

* 영화의 내용이 코미디처럼 웃겼다는 뜻으로, fun과 글자는 비슷하지만 전혀 다른 의미를 나타냅니다.

재미있었어요.

**It was** entertaining.

그것은 재미있었어요

---

배울 게 많았어요.

**It was very** enlightening.

그것은 매우 교육적이었어요

\* enlightening은 '계몽적인, 밝혀 주는, 깨우치는'이라는 뜻으로, 영화의 내용이 교육적이었다는 뜻이에요.

---

재미있었어요.

**It was** interesting.

그것은 재미있었어요

---

아주 좋았어요.

**It was** great.

그것은 굉장했어요

---

막장 드라마였어요.

**It was a little** far-fetched.

그것은 조금 설득력이 없었어요

far-fetched 믿기지 않는, 설득력 없는

---

특수 효과가 실감나지 않았어요.

**The special effects** weren't realistic.

특수 효과가　　　　　　　　사실적이지 않았어요

---

썰렁했어요.

**It was** really corny.

그것은 정말 썰렁했어요

corny 진부한, 신선미가 없는

corny jokes 진부한 농담

# 뭐에 대한 영화였어요? (23:05)

What was the movie about?
What's it about?
What was the subject matter?
It was about zombies.
It's a political drama.

---

**뭐에 대한 영화였어요?**

## What was **the movie** about?

무엇에 대한 것이었어요? 그 영화는

---

**뭐에 대한 거예요?**

## What's **it** about?

무엇에 관한 것인가요? 그것은

---

**어떤 소재의 영화였어요?**

## What was **the subject matter?**

무엇이었나요?　　소재가

subject matter 소재, 주제

---

**좀비에 관한 거였어요.**

## It was about **zombies.**

그것은 좀비에 관한 거였어요

\* 여기서 zombie[zɑ:mbi]의 발음에 주의하세요. [좀비]가 아니라 [점비]에 가깝게 발음해야 합니다.

---

**+ 정치 드라마요.**

## It's **a** political drama.

그것은 정치 드라마예요

Have you seen any good TV shows recently?
Who's your favorite actor/actress/celebrity?

---

**최근에 뭐 재미있는 TV 프로 보셨나요?**

## Have you seen any good TV shows recently?

당신은 본 적이 있나요?          좋은 TV 프로그램을          최근에

**PLUS**  water-cooler talk는 직장의 탕비실이나 정수기 옆에서 즉흥적으로 갖는 모임을 말해요. 주로 동료나 상사의 뒷담화를 하거나 영화나 드라마에 관한 이야기를 나누는 자리가 되곤 하죠.

\* Previously on ~은 지난 줄거리를 설명하면서 드라마가 시작될 때 나오는 표현이죠. 또, Viewer discretion is advised.(시청자의 주의가 요구됩니다.)라는 표현은 프로그램 내용이 지나치게 폭력적이거나 선정적일 경우 미리 경고하는 메시지입니다.

---

**+ 당신이 가장 좋아하는 배우/여배우/연예인이 누구예요?**

## Who's your favorite actor/actress/celebrity?

누구예요?      당신이 가장 좋아하는      배우      여배우      연예인이(가)

# NOTES 강의를 들으며 나만의 대답이나 궁금한 내용을 메모해 두세요.

---

# TV에 나오는 사람이다 (26:20)

> That guy's on TV.
> He's on TV.
> I saw you on TV.
>
> What's (playing) in theaters?
> What movies are out?
> When's it coming out?
> It was released ~.

---

TV에 나오는 사람이다.

## That guy's on TV.

저 사람은 　　　　TV에 나와

---

그는 TV에 나오는 사람이다.

## He's on TV.

그는 　　TV에 나와

**AVOID** He came out on TV. (X)
우리말로 표현하듯이 He came out on TV.라고 하면 의미가 전혀 달라지므로 반드시 He's on TV.라고 표현해야 합니다.

---

너 TV에서 봤어.

## I saw you on TV.

나는 봤어 너를　TV에서

\* 마이클쌤을 유튜브에서 봤다고 표현하고 싶으면 I saw you on YouTube. 라고 하세요.

---

영화관에서 하는 거 뭐 있어요?

## What's (playing) in theaters?

무엇이 　　　　상영되고 있어요?　영화관에서

---

무슨 영화가 나왔어요?

## What movies are out?

무슨 영화가 　　　　나왔어요?

## 언제 시작해요?

# When's **it coming out?**

언제예요?　　그것이 시작하는 게

---

## 개봉일이 언제야?

# When's **the release date?**

release (명) 개봉, 발표 , 공개 (동) 개봉하다, 공개하다

언제예요?　　개봉일이

---

## ~에 개봉했어.

# It was released ~.

그것은 개봉되었어　　~에

**AVOID** grand open (X) / grand opening (O) 개장, 개점

연극, 영화, 뮤지컬 등에 대해서는 '개봉'이나 '초연'을 말할 때 grand opening이라고 하지 않습니다. 하지만 연극에 대해서만 opening night이라는 표현을 쓰죠.

Tonight is opening night. 오늘 밤이 (연극의) 첫 공연 날이다.

**PLUS** premiere 시사회
It's the premiere. 시사회예요. / Tonight is the premiere. 오늘 밤에 시사회가 열려요.
preview / trailer 예고편

---

## NOTES 강의를 들으며 나만의 대답이나 궁금한 내용을 메모해 두세요.

## + 관련 어휘 (28:44)

**Academy Award**
아카데미상

### It won the Academy Award for ～.
그것은 아카데미상 ~ 부문을 수상했다.

* The Academy Awards라고 s를 붙이면, 아카데미 '시상식'이라는 뜻이에요.

**nominate**
(후보자로) 지명하다

### It was nominated for an Academy Award.
그것은 아카데미상 후보에 올랐다.

**Film Festival**
영화제

### Busan International Film Festival (BIFF)
부산국제영화제

**pirated movies**
해적판 영화

### That's a pirated DVD. / That's a bootleg (copy).
그건 해적판 DVD이다.

**box office**
매표소, (연극, 영화 등의) 인기

### What was the box office like? / How was the box office?
표가 많이 팔렸어?

**rerun**
재방송

### It's a rerun.
이건 재방송이야.

**pilot**
(프로그램의) 첫 회

### I watched the pilot of the series.
나는 그 시리즈의 첫 회를 봤어.

**finale**
마지막 회

### Did you catch the finale last night?
어젯밤에 마지막 회 봤어?

* finale의 발음에 주의하세요. [피날레]보다는 [피날리]가 원어민의 발음에 가깝습니다.

### 다니엘쌤의 원어민 영어 TIP

앞서 3편 가족의 도입 부분에서도 잠깐 언급했지만, 시리즈로 이어지는 연재물을 말할 때 installment라는 단어를 씁니다. 이 단어는 원래 '분납'이라는 뜻으로, in installments의 형태로 쓰면 '할부로'라는 의미가 되죠. 주로 (연재물의) 1회분, 1권, 1편 등의 의미로 쓰입니다. 영어를 많이 접한 분들도 놓치기 쉬운 부분이므로 꼭 기억해 두세요.

Q: How was the movie? / How did you like the movie?

A:

---

Q: Do you follow any American TV shows?

A:

---

Q: Did you catch *Big Bang Theory* last night?

A:

# ANSWER 마이클쌤과 다니엘쌤의 답안입니다.

---

Q: How was the movie? / How did you like the movie?

A1: It was great! You should definitely watch it.

A2: It was a letdown.

A3: It was a huge letdown.

Q: 영화는 어땠어? A1: 굉장했어! 너도 꼭 한번 봐. A2: 실망했어. A3: 완전 실망했어.

---

Q: Do you follow any American TV shows?

A: Recently, I've been following *The Good Wife*.

Q: 잘 챙겨 보는 미국 TV 프로가 있어? A: 최근에 '굿와이프' 보고 있어.

---

Q: Did you catch *Big Bang Theory* last night?

Did you catch the finale of *Desperate Housewives* last night?

Did you catch the season finale of *The Walking Dead* last night?

\* Did you catch ~로 catch라는 단어를 쓰게 되면 굉장히 원어민에 가까운 표현이 됩니다.

A1: Of course, I caught it. (=I watched it.) I'm such a big fan of that show.

A2: I'm a huge fan of that show. Of course, I caught it.

A3: No, I missed it.

Q: 어젯밤에 '빅뱅이론' 봤어? / 어젯밤에 '위기의 주부들' 마지막 회 봤어? / 어젯밤에 '워킹 데드' 시즌 마지막 회 봤어?
A1: 물론이지. 봤어. 난 그 프로 광팬이야. A2: 난 엄청난 팬이야. 물론 봤지. A3: 아니, 못 봤어.

# 원어민처럼 말하기
## 기초 영어 회화 ⑥편
### 약속 Making Plans

오늘 어떤 약속을 하셨나요? 커피데이트! 병원 예약! 자나깨나 일 약속!
하루에도 수없이 하는 크고 작은 약속 표현들을 내가 과연 영어로 해낼 수 있을까? 살짝 고민되신다면 이제는 사전도
교과서도 외면하던 생생한 원어민 영어에 눈과 귀를 모아 주세요. 맙소사! Promise가 우리가 아는 그 '약속'이 아니었네요!

원어민처럼 말하기

기초 영어 회화

# + INTRODUCTION 도입 (00:00~03:10)

---

## interrupt
끼어들다, (말이나 행동을) 방해하다, 중단하다

### Don't interrupt.
말하는데 끼어들지 마. / 내 말 자르지 마.

\* 예문처럼 표현할 때 interrupt와 뜻이 비슷한 disturb나 distract라는 동사는 잘 쓰지 않습니다.

### He's always interrupting.
그는 항상 끼어들곤 한다.

\* interrupt는 '방해하다, 중단하다'의 의미보다는 주로 '끼어들다'의 의미로 많이 쓰여요.

---

## disturb
(작업, 수면 등을) 방해하다, 혼란시키다

### Do not disturb.
방해하지 마시오. (호텔방이나 사무실 등의 문에 걸어 두는 안내문)

---

## distract
집중이 안 되게 하다, 산만하게 하다

### You're distracting me from studying.
너 때문에 공부에 집중이 안 돼.

# 약속이 있어요 (03:11)

I have plans.
I have a plan!
Do you have plans later?
Do you have plans for the weekend?
I'm sorry, but I have plans.
I'd really like to hang out later, but I have plans.
Do you have the time? / What time is it?

A: Hey, Mike. Wanna grab a beer after work?
B: Normally, I'd say yes, but I've got plans with the wife today.
A: OK. Well, next time then.

---

**약속이 있어요.**

## I have plans.

저는 가지고 있어요 약속을

* 약속이 하나만 있어도 항상 plans라는 복수형으로 말해요.

   I'm sorry, I have plans. I'd better go. 미안한데, 나 약속이 있어. 가 봐야 할 거 같아.

## 대단한 계획이 있어! / 나에게 전략이 있어!

# I have a plan!

나는 가지고 있어 (대단한) 계획/전략을

* a plan의 뜻은 단순한 약속을 뜻하는 plans와 달리 대단한 계획이나 상술, 장사 계획 등이 있다는 의미예요. '전략, 계획'을 뜻하는 strategy와 비슷한 표현입니다.

I have a plan that will make us a lot of money. 우리가 많은 돈을 벌 수 있는 계획이 있다.
I have a plan to get you out of jail.  너를 여기서 나가게 해 줄 계획이 있다.
I have a plan to make us rich! 우리를 부자가 되게 할 계획이 있다!
I have a plan to be the most successful entrepreneur in Korea. 한국에서 가장 성공적인 기업가가 될 수 있는 계획이 있다.

---

## 약속 있어요?

# Do you have plans?

당신은 가지고 있어요?　　　약속을

---

## 이따/오늘 밤에 약속 있어요?

# Do you have plans later/tonight?

당신은 가지고 있어요?　　　약속을　　　이따　　　오늘 밤에

---

## 주말에 약속 있어요?

# Do you have plans for the weekend?

당신은 가지고 있어요?　　　약속을　　　주말에

* 특정한 시간을 넣어 물어볼 때는 전치사 for를 써서 말해요.

Do you have plans for this afternoon? 오늘 오후에 약속 있어요?
Do you have plans for tonight at 10 p.m.? 오늘 밤 10시에 약속 있어요?

---

## 여름방학에 약속 있어요?

# Do you have plans for summer break?

break 휴가, 방학

당신은 가지고 있어요?　　　약속을　　　여름방학에

---

## 크리스마스 휴가 때 특별한 계획이 있어요?

# Do you have any special plans for Christmas break?

당신은 가지고 있어요?　　　　특별한 약속을　　　크리스마스 휴가 때

---

## 미안하지만, 나 약속이 있어.

# (I'm) Sorry, but I have plans.

미안해　　　　　하지만　나는 가지고 있어 약속을

미안하지만 다른 약속이 있어요.

# I'm sorry, but I have other plans.

미안해요　　　　하지만　저는 가지고 있어요 다른 약속을

---

저는 선약이 있습니다.

# I have a prior engagement.

저는 가지고 있어요 선약을

\* prior(사전의), engagement(공적인 약속)가 합쳐진 prior engagement(선약)라는 단어를 쓰면 정중한 표현이 됩니다.

---

+ 정말 이따 함께 놀고 싶은데 약속이 있어.

# I'd really like to hang out later, but I have plans.

나는 정말 ~ 원해　　　　시간을 보내기를　　나중에　　하지만　나는 가지고 있어 약속을

hang out 시간을 보내며 돌아다니다, 어울려 놀다

---

약속 없어요.

# I don't have (any) plans.

저는 가지고 있지 않아요　　　　약속을

---

몇 시예요?

# Do you have the time?

당신은 가지고 있어요?　　　시간을

**AVOID** Do you have the time? 시간 있어요? (X) / 몇 시예요? (O)
아무 문맥 없이 그냥 질문하는 상황이라면 이 표현은 What time is it?과 같이 시각을 묻는 말이에요. 우리말로 '시간 있어요?'라고 해석된다고 해서 데이트 신청이라고 착각하지 마시길! 그냥 몇 시인지 궁금해서 묻는 말이니까요.

---

A: 마이크, 안녕. 퇴근하고 맥주 한잔하는 게 어때?

# Hey, Mike. Wanna grab a beer after work?

안녕　　마이크　　(너는) 원해?　　맥주 한잔하기를　　일 끝나고

\* Wanna ~는 Do you want to ~를 줄인 회화체 말입니다. 또, grab이라는 단어는 본래 '(단단히) 붙잡다, 잡다'의 뜻인데, 주로 회화체에서 생동감 있는 표현을 위해 많이 쓰이죠.

grab a beer 가볍게 맥주 한잔하다 / Wanna grab a bite to eat? 뭐 좀 간단히 먹을래?

B: 평소 같으면 당연히 그러겠지만 오늘은 아내랑 약속이 있어.

## Normally, I'd say yes, but I've got plans with the wife today.

보통 때는　　　　나는 그래라고 말해　　　그러나　나는 약속이 있어　　　아내와　　　　　오늘

* Normally, I'd say yes는 속어적인 표현인 Normally, I'd be down이라고도 할 수 있어요. 여기서 down은 부정적인 의미가 아니라 긍정적인 뉘앙스로 쓰이며, 요즘 미국 젊은이들 사이에서 유행하는 말이에요.

   I'm down. / I'm down with that. / I'll be down with that. / I'm down for that. 난 좋아, 나도 할래.
   Anyone down for dinner in Itaewon tonight? 오늘 밤 이태원에 저녁 먹으러 갈 사람?
   Are you guys down for beer later? 이따 맥주 한잔하러 가는 거 좋아?

* with the wife는 with my wife라고 바꿔 쓸 수 있지만, 소유격 my보다는 the를 붙이는 게 원어민의 표현에 가까워요. with the husband, with the kid(s) 등도 마찬가지예요. 굳이 '나의'라는 표현을 쓰지 않아도 알 수 있는 부분이기 때문이죠.

   I've got plans with the kids later. 이따 아이들과 약속이 있어.

---

A: 그래. 그럼 다음에 해.

## OK. Well, next time then.

그래　　좋아　　다음번　　　　그럼

# NOTES 강의를 들으며 나만의 대답이나 궁금한 내용을 메모해 두세요.

Make plans
Make an appointment
Get an appointment
What time is good for you?
When's good for you?
What time do you wanna meet tomorrow?

A: Did you make plans with Dad for Christmas?
B: No, not yet. What time should we head over there?
A: Well, I have plans for lunch, so let's meet up after that.
B: Sounds good.

---

저는 오늘 대니랑 녹화 약속 잡았어요.
## I made plans with Danny to record today.
저는 약속을 잡았어요　　　대니와　　　　　녹화하기로　　　　오늘

We made plans to meet and record a video today.
우리는 오늘 만나서 녹화하기로 약속을 잡았어요.

make plans ~하기로 약속을 잡다, 계획을 세우다

---

내일은 절대로 늦지 않을게요.
## I promise I won't be late tomorrow.
저는 약속해요　　　제가 늦지 않을 거라고　　　내일

* promise는 새끼 손가락을 걸고 '그렇게 할 것이다, 꼭 그렇게 하겠다'라는 뜻으로 약속할 때 쓰는 말이에요.

---

### 다니엘쌤의 원어민 영어 TIP

자주 틀리기 쉬운 약속에 대한 표현을 정리해 볼까요? '약속'이라는 의미로 promise, appointment, plans 등을 쓰고 있지만, 그 쓰임새를 구분하는 게 중요해요. 먼저, promise는 앞서 얘기했듯이 새끼 손가락을 걸고 뭔가를 하기로 약속하는 것을 말하고, keep a promise(약속을 지키다)라고 표현해요. 두 번째 appointment는 주로 전문직(병원, 변호사 등)과의 약속이나 예약을 말하죠. 끝으로 plans는 일상적인 약속, 즉 친구들과의 약속 등을 뜻하는 말이에요. 여기서 plans를 a plan으로 바꾸면 '(뭔가를 할) 계획, 전략'이라는 뜻이 되니 단수, 복수 구분에 주의해야 합니다.

내일 대니랑 촬영 약속을 잡았어요.

# I've got an appointment with Danny for filming tomorrow.

저는 약속을 잡았어요           대니랑      촬영하기로      내일

* 앞서 TIP에서도 언급했듯이 appointment는 업무 관련, 특히 전문직 사람들과의 약속이나 예약을 뜻해요. '약속하다, 예약하다'라는 뜻으로 make an appointment, get an appointment, set up an appointment라고 표현하죠.

* 친구 사이의 약속을 나타낼 때는 have plans를 쓴다고 했지만, 예문처럼 친구 관계이면서 일로 약속을 잡는 경우라면 get an appointment를 쓸 수 있어요. 또, 농담 삼아 We've got a beer appointment!라고도 하죠. 물론 정확한 표현은 We've got plans to grab a beer later.(우리는 맥주 한잔하기로 약속 잡았어.)이긴 하지만 말예요.

---

+ 오늘 밤 약속 있어.

# I have plans tonight.

나는 가지고 있어 약속을     오늘 밤에

---

시간이 언제 되세요?

# What time is good for you?

몇 시가       좋아요?      당신에게

---

시간이 언제가 좋아요?

# When's good for you?

언제가     좋아요?      당신에게

* 줄여서 When's good?이라고도 해요.

---

시간이 언제 되나요?

# What time works for you?

몇 시가       될까요?      당신에게

* work는 다양한 의미로 쓰이는데, 여기서는 '(계획 등이) 잘 되다'라는 뜻이에요.

It worked out. 일이 잘 풀렸다.
That won't work for me. 난 안 될 거야.
Two o'clock is not going to work for me tomorrow. 제가 내일 두 시는 안 되겠어요.

---

+ 내일 몇 시에 만나는 게 좋겠어요?

# What time do you wanna meet tomorrow?

몇 시에           당신은    ~ 원해요?    만나기를    내일

---

A: 크리스마스에 뭐 할지 아빠랑 계획 세웠어?

# Did you make plans with Dad for Christmas?

너는        계획을 세웠니?     아빠랑     크리스마스 때

* 여기서 with Dad라고 했으니 자신의 아버지라는 뜻이죠. 소유격 (my, your 등)이 앞에 오지 않을 때는 호칭으로 보고 Dad와 같이 대문자로 나타내요. 만일 상대방의 아버지를 말한다면 your dad라고 소유격으로 나타내면 됩니다.

B: 아직 안 정했어. 몇 시에 거기로 갈까?

## No, not yet. What time should we head over there?

아니     아직도 (안 했어)   몇 시에        ~ 할까?       우리가 가야          거기로

\* head over는 전치사 over 때문에 '건너가다'라는 뉘앙스가 있긴 하지만 그냥 '가다'로 해석하면 됩니다. 예를 들어 우리말에서 '친구 집으로/친구 집에/친구 집 갔어요.'라는 문장이 다 통용되듯이 영어에서도 come over/come down/come 모두 같은 뜻으로 쓸 수 있는 거죠. 따라서 I'm heading to the party later.와 I'm heading down to the party later.는 전치사 down에 상관없이 '나는 나중에 파티에 갈 거야.'라고 똑같이 해석할 수 있습니다.
간혹 I have plans this weekend to head down to Busan.(나는 이번 주말에 부산에 내려갈 약속이 있다.)처럼 서울에서 남쪽으로(아래로) 내려간다는 의미를 나타낼 수도 있어요. 하지만 대부분은 We're going to head down to Hongdae later.(우리는 나중에 홍대로 가려고 한다.)와 같이 별 뜻 없이 사용합니다.

---

A: 음, 내가 점심 약속이 있으니까 그 뒤에 만나자.

## Well, I have plans for lunch, so let's meet up after that.

음       나는 가지고 있어 약속을    점심에        그래서 만나자          그 후에

---

B: 그래, 좋아.

## Sounds good.

\* Sounds like a plan.이라고 바꿔 말할 수도 있어요.

들려         좋게

## NOTES 강의를 들으며 나만의 대답이나 궁금한 내용을 메모해 두세요.

Doctor's appointment
Dentist's appointment
I wasn't able to get an appointment with the doctor until 2016.
An appointment with my lawyer

I can't make it!
I don't think I'll be able to make it to class next week.
Cancel plans
I've gotta bail.

A: Hey, man. I'm really sorry, but I don't think I'll be able to make it later.
B: Ah, don't sweat it. Let's try to meet up next week sometime.

---

아침에 병원에 예약이 되어 있어요.

## I have a doctor's appointment in the morning.

**AVOID** I have a doctor appointment. (X)

저는 가지고 있어요 의사와의 진찰 약속을          아침에

---

내일 치과에 예약이 되어 있어요.

## I have a dentist's appointment tomorrow.

저는 가지고 있어요 치과의사와의 진찰 약속을          내일

* 미국인의 특이한 언어 습관 중 하나가 바로 소유격을 잘 쓴다는 거예요. 물론 모든 분야에 적용되는 건 아니지만, 병원이나 치과에 갈 때는 doctor's appointment, dentist's appointment라고 반드시 소유격으로 나타내죠. 여기서 appointment의 뜻은 '약속'보다는 '예약'이라고 해석하는 게 자연스러워요.

Have you made an appointment? 예약하셨나요?

저는 2016년까지 병원 예약을 할 수 없었어요.

# I wasn't able to get an appointment with the doctor until 2016.

저는 ~ 없었어요 병원 예약을 할 수 2016년까지

---

오후 3시에 제 변호사와 약속이 있어요.

# I have an appointment with my lawyer at 3 p.m.

저는 가지고 있어요 제 변호사와의 약속을 오후 3시에

\* 변호사와의 약속은 lawyer's appointment라고 하지 않고, an appointment with my lawyer라고 합니다.

---

전 안 되겠어요!

# I can't make it!

저는 ~ 없어요 약속을 지킬 수

\* 약속을 '지키다'라는 우리말 표현에 익숙해져 있다 보니 영어에서도 keep을 쓰는 경우가 종종 있는데요. I don't think I can keep an appointment.와 같은 표현은 잘 쓰지 않습니다. keep을 써서 keep a promise라고 표현하면 '비밀을 지켜 주다'라는 의미가 됩니다.

I can't keep a promise. 비밀을 못 지키겠어요.

---

오늘 밤에 못 만날 것 같아요.

# I don't think I'll be able to make it tonight.

저는 생각하지 않아요 제가 ~ 있다고 약속을 지킬 수 오늘 밤에

\* 앞에서 배운 I can't make it.보다는 좀 더 부드러운 느낌을 주는 표현이에요.

---

못 만날 것 같아요.

# I don't think I can make it.

저는 생각하지 않아요 제가 ~ 있다고 약속을 지킬 수

---

다음 주에 약속을 못 지킬 것 같아요.

# I won't be able to make it next week.

저는 ~ 없을 거예요 약속을 지킬 수 다음 주에

---

다음 주에 수업 약속을 못 지킬 것 같아요.

# I don't think I'll be able to make it to class next week.

저는 생각하지 않아요 제가 ~ 있을 거라고 약속을 지킬 수 수업에 다음 주에

\* 원어민들은 I will not go.(나는 안 갈 것이다.)와 같이 연설문 느낌의 직설적인 표현은 잘 쓰지 않아요. 우리말에서는 '오다', '가다'라는 말을 일상적으로 쓰고 있지만, 영어에서는 come이나 go와 같은 동사를 대신할 수 있는 표현들이 다양하기 때문이죠. I'm going now. / I'll go now.와 같은 표현 대신 I'm on my way. / I'm heading over there. / I'll be right there.와 같이 말합니다.

**AVOID** I can't keep our appointment. (X) / I can't keep our promise. (X) / I can't keep our plans. (X)

+ 미안한데 우리 약속 취소해야 해.

**I'm afraid I have to cancel our plans.**

미안하지만 나는 ~해야 해 취소 우리의 약속을

cancel 취소하다

---

+ 야, 미안해. 나 약속 못 지킬 것 같아.

**Sorry, man. I've gotta bail.**

미안해 자네 나 약속 못 지킬 것 같아

* bail은 원래 '보석으로 풀어 주다'라는 뜻인데 속어적인 표현으로 '떠나다, 약속을 못 지키다'라는 의미를 나타냅니다.

---

어, (못 온다더니) 왔네요!

**Oh, you made it!**

어 당신이 약속을 지켰네요

* 직역대로 '뭔가 만들었구나!'라고 해석하면 안 되겠죠. make it은 '약속을 지키다, 성공하다, 해내다, 도착하다'의 다양한 뜻이 있어요.

Wow, he made it! 와, 그 친구 성공했구나!
Did you make it home? 집에 잘 도착했니?
Did you make it home OK last night? 간밤에 잘 들어갔어? (날씨나 교통 상황 등으로 안부를 물어볼 만한 이유가 있을 때 쓰는 표현이에요.)

---

A: 안녕, 친구야, 정말 미안한데 이따 못 갈 것 같아.

**Hey, man. I'm really sorry, but I don't think I'll be able to make it later.**

안녕 자네 나는 정말 미안해 하지만 나는 생각하지 않아 내가 ~ 있다고 약속을 지킬 수 나중에

---

B: 너무 걱정하지 마! 다음 주에 언제 한 번 만나자.

**Ah, don't sweat it! Let's try to meet up next week sometime.**

오 너무 걱정하지 마 우리 만나도록 하자 다음 주 언젠가

* sweat은 '땀, 진땀을 흘리다'라는 뜻으로, Don't sweat it!이라고 하면 '걱정하지 마, 속 태우지 마!'라는 의미로 쓰이죠. Don't worry about it!이나 No problem!이라고 바꿔 말할 수도 있어요. 또, next week sometime은 sometime next week로 순서를 바꿀 수도 있습니다.

Let's make it sometime next week. 다음 주에 우리 한 번 만나자.

# 다시 일정을 잡아 봐요! (20:40)

Let's reschedule!
Postpone
Put off/Push back
Hold off on that discussion

A: I'm really sorry, but I think I'll have to reschedule our coffee date.
B: Oh, really? That's too bad. I was really looking forward to getting caught up.
A: Yeah, me too. Things have just been so hectic at work.
B: I completely understand. Just get in touch again when you're available.

---

### 예약을 잡았어요.

**I scheduled an appointment.**

저는 잡았어요      예약을

schedule (동) 일정을 잡다 (명) 일정, 스케줄

---

### 다시 일정을 잡아 봐요!

**Let's reschedule!**

우리      일정을 변경하자

reschedule 일정을 변경하다

---

### 다음 주로 촬영을 연기해야 할 것 같아요.

**We have to postpone our filming until next week.**

우리는 ~해요    연기해야    우리의 촬영을    다음 주까지

* postpone은 '연기하다, 미루다'라는 뜻으로, 공식적인 표현이에요.

---

### 다음 주로 연기해야 할 거예요.

**We'll have to put it off until next week.**

우리는 ~ 할 거예요      연기해야 그것을    다음 주까지

* 비슷한 표현으로 push back도 있지만 put off를 더 많이 씁니다.
  put off 미루다, 연기하다

그 논의는 다음 주까지 보류하겠어요.

**We will hold off on that discussion until next week.** hold off 재판, 판결(결정), 판단을 보류하다

우리는 보류할 거예요       그 논의를       다음 주까지

---

A: 미안하지만, 우리 커피데이트 약속 다시 잡아야 할 것 같아.

**I'm really sorry, but I think I'll have to reschedule our coffee date.**

정말 미안해       하지만 나는 생각해    내가 다시 일정을 잡아야 한다고       우리의 커피데이트

---

B: 아, 정말? 유감이야. 밀린 이야기 정말 기대하고 있었는데.

**Oh, really? That's too bad. I was really looking forward to getting caught up.**

아     정말이야?     유감이네       나는 정말로 기대하고 있었어       밀린 이야기 나누는 걸

look forward to ~을 기대하다 | get caught up 밀린 이야기를 하다

---

다니엘쌤의 원어민 영어 TIP

'(뭔가를 하지 못해서) 안타깝다, 애석하다, 안됐다, 유감이다'라는 표현은 영어로 어떻게 할까요? 비교적 쉬운 문장도 막상 말하려고 하면 생각 나지 않을 때가 많죠. 이 말은 It is too bad ~ 또는 It is a shame ~이라고 표현해요. Too bad you can't make it.(네가 못 온다니 안타까워.), It's a shame you can't join us.(네가 합류 못 한다니 유감이야.) 등으로 표현할 수도 있어요. 여기서 shame의 뜻이 '수치심, 부끄러움, 창피'라고 해서 shame을 부끄러운 일로 해석하지 않도록 주의해야겠죠. (특히 외신 기사 번역에서 이런 오역이 종종 생기는 것 같아요.)

---

A: 나도 그래. 회사 일이 너무 정신없어서 그랬어.

**Yeah, me too. Things have just been so hectic at work.** hectic 정신없이 바쁜, 빡빡한

응     나도 그래     상황이       단지       너무 바쁘네     직장에서

---

B: 충분히 알겠어. 네가 시간 날 때 언제든 연락 줘.

**I completely understand. Just get in touch again when you're available.**

나는 완전히       이해해       연락해 다시       네가 시간이 될 때

get in touch 연락을 취하다

# 그녀에게 바람맞았어요! (23:20)

She didn't show up!
She stood me up!
She was a no-show.
He didn't show up for our class.
She blew me off.

A: How was the blind date?
B: It was a complete disaster! I waited for an hour, but she never showed up.
A: Oh, that's terrible! Did she tell you why?
B: No, she hasn't even been taking my calls.

---

### 그녀가 안 왔어요! / 그녀에게 바람맞았어요!
## She didn't show up!
그녀는   등장하지 않았어요

* 약속을 지키지 못할 때는 보통 I'm sorry, I won't be able to make it.(미안하지만, 약속을 못 지킬 것 같아요.)이라고 표현하지만, 미리 얘기도 없이 약속을 어긴 상황이라면 show up이라는 표현을 가장 많이 써요. 단, 발음이 비슷한 show off(과시하다, 자랑하다)와 구분해서 쓰세요. She didn't show off.(그녀는 자랑하지 않았다.)와 같이 전혀 엉뚱한 뜻이 될 수도 있거든요.

show up (예정된 곳에) 나타나다

---

### 그녀가 나를 바람맞혔어!
## She stood me up!
그녀가   바람맞혔어   나를

* stand somebody up은 '~을 바람맞히다'라는 뜻으로, show up과 함께 많이 쓰이는 표현이에요.

A: How was the date? 데이트 어땠어?
B: It sucked!(It was terrible!) She stood me up! 완전 끔찍했어! 바람맞았거든!

**AVOID** It was sucks. (X) / It sucks. / It sucked. (O)

**PLUS** It's not showing up. 그건 잘 안 보여요.
show up은 인쇄물 등이 잘 보이지 않는 경우에도 쓸 수 있어요.

---

### 그녀가 안 왔어요.
## She was a no-show.
그녀는   나타나지 않은 사람이었어요

* She didn't show up!은 She was a no-show.와 같이 명사형으로 바꿀 수도 있어요. no-show는 '취소 연락도 없이 예약 장소에 나타나지 않은 손님'을 뜻하는 말이에요.

Your three o'clock was a no-show. 세 시에 예약하신 분은 안 오셨어요.
No-shows are charged a penalty. 노쇼 고객은 위약금이 있습니다.

charge (요금, 값을) 청구하다 | penalty 벌금, 위약금

그는 수업에 안 나왔어요.

## He didn't show up for our class.

그는　　　나타나지 않았어요　　　　　　우리 수업에

She didn't show up for our coffee date. 그녀가 커피데이트에 안 나왔다.
He didn't show up for the meeting. 그는 회의에 나오지 않았다.

---

그녀가 나를 바람맞혔어요.

## She blew me off.

그녀는　　　바람맞혔어요 나를

* blow somebody off는 '~을 바람맞히다, ~와의 (연애) 관계를 청산하다'라는 뜻으로, 속어적인 표현이에요. 문자를 보냈는데 상대가 아무 반응이 없을 때도 He blew me off. (그가 내 문자를 씹었다.)나 He keeps blowing me off.(그가 내 문자를 씹고 있어.)라고 하죠. 여기서 전치사 off를 생략하게 되면 성적인 의미를 나타내는 표현으로 그 뜻이 전혀 달라지므로 주의해야 합니다.

---

A: 소개팅 어땠어?

## How was the blind date?

어땠어?　　　　　　소개팅이

* blind date는 서로 모르는 남녀의 데이트, 즉 소개팅을 뜻해요. 간혹 미드나 영화 같은 데서 blind date 장면이 나오기도 하는데요. 사실 상황 자체가 주는 재미 요소 때문에 일부러 넣는 것이지 실제로 미국에서는 blind date를 거의 하지 않습니다.

---

B: 최악이었어! 한 시간이나 기다렸는데 그녀가 끝내 안 왔어.

## It was a complete disaster! I waited for an hour, but she never showed up.

그것은　　　완전 끔찍한 일이었어　　　　　　나는 기다렸어　　　한 시간 동안　　　　　하지만　그녀는　결코　　　나타나지 않았어

* disaster는 본래 '참사, 재난, 재해'라는 뜻이지만, 비유적으로 It was a disaster.(최악이었어.)라는 의미로 많이 쓰여요.

---

A: 저런, 안됐다! 왜 그랬는지 말해 줬어?

## Oh, that's terrible! Did she tell you why?

저런　　그것은 끔찍하네　　　　　그녀가 말했어?　　　너에게　　이유를

* 여기서 Did she tell you why?는 What was her excuse?(변명이 뭐였어?) 혹은 What was her reason?(이유가 뭐래?) 등으로 바꿔 말할 수 있어요.

---

B: 아니, 심지어 그녀는 내 전화조차 받지 않아.

## No, she hasn't even been taking my calls.

아니　　그녀는　심지어 받지 않아　　　　　　　내 전화를

She stood me up that day and now she's blowing me off. 그녀는 그날 나를 바람맞혔고 지금은 연락까지 씹고 있다.

---

### 다니엘쌤의 원어민 영어 TIP

우리말의 '어색한'이라는 말은 영어로는 어떻게 표현할까요? 많은 분들이 궁금해 하시는데요. 정답은 awkward입니다. 일부 사전에 보면 embarrassed의 뜻이 '어색한'이라고 나와 있기도 해서 두 단어를 혼동해서 쓰는 경우가 있는데, 이 단어는 '당황스러운, 쑥스러운, 쪽팔린(속어 표현)'이라는 뜻이므로 구분해서 써야 합니다.

## QUIZ 질문을 듣고 자기만의 모범 답안을 완성해 보세요.

Q: 저는 이따 약속이 있어요.

A:

---

Q: 이따 촬영 끝나고 맥주 한잔할까요?

A:

---

Q: 약속을 정하다, 잡다

A:

---

Q: 병원에/치과에 예약했어요.

A:

---

Q: 약속을 못 지킬 것 같아요.

A:

---

Q: 다시 일정을 잡아 봐요!

A:

---

Q: 바람맞았어!

A:

# ANSWER 마이클쌤과 다니엘쌤의 답안입니다.

---

Q: 저는 이따 약속이 있어요.

A1: I have plans later.

A2: I'm sorry, I have plans later.

A3: I have other plans.

A4: I have a prior engagement.

> A1: 저는 이따 약속이 있어요.   A2: 미안한데, 이따 약속이 있어요.   A3: 다른 약속이 있어요.   A4: 저는 선약이 있습니다.

---

Q: 이따 촬영 끝나고 맥주 한잔할까요?

A1: Wanna go grab a beer later after work?

* Wanna go grab a beer ~에서 Wanna는 Do you want to를 줄인 말로, 회화에서 많이 쓰는 표현이죠. Do you want to라는 표현은 회화에서는 거의 쓰지 않습니다. 또, go grab a beer는 go and grab a beer이지만 and를 생략하고 쓰는 경우가 많아요. 예를 들어 '가지고 와.'라고 말할 때도 Go and get it.이 아니라 Go get it.이라고 하지요.

A2: Wanna grab a beer after work?

* grab a beer라는 표현에서 beer는 셀 수 없는 명사이지만 관사 a가 붙어 있는데, 여기서는 a (bottle of) beer나 a (glass of) beer에서 bottle of, glass of가 생략된 형태라고 볼 수 있어요. 원어민들이 쓰는 표현 중에는 셀 수 없는 명사에 예외적으로 관사를 붙이거나 복수 형태로 쓰는 경우가 있어요. 예를 들어 레스토랑 같은 곳에서 물을 부탁할 때, Grab me a water.(물 좀 주세요.), We'd like four waters.(물 네 잔 주세요.)라고 표현하기도 하죠. Grab me a glass of water.나 We'd like four glasses of water.와 같이 문장에서 단위가 확실할 때만 생략해서 쓰기 때문이에요.

> A1: 이따 촬영 끝나고(일 끝나고) 맥주 한잔할까요?   A2: 촬영 끝나고(일 끝나고) 맥주 한잔할까요?

---

Q: 약속을 정하다, 잡다

A1: Make an appointment

A2: Make plans

> A1: (업무 관련) 약속을 정하다, 잡다   A2: (친구 사이의) 약속을 정하다, 잡다

Q: 병원에/치과에 예약했어요.

A1: I made a doctor's appointment.

A2: I made a dentist's appointment.

A1: 병원에 예약이 돼 있어요.   A2: 치과에 예약이 돼 있어요.

---

Q: 약속을 못 지킬 것 같아요.

A1: I don't think I can make it.

A2: I don't think I'll be able to make it.

* '미안하지만~'이라고 말을 시작하려면 앞에 I'm sorry, but을 붙이면 되겠죠.

A1: 약속을 못 지킬 것 같아요.   A2: 약속을 못 지킬 것 같아요.

---

Q: 다시 일정을 잡아 봐요!

A: Let's reschedule!

A: 다시 일정을 잡아 봐요!

---

Q: 바람맞았어!

A1: I got stood up. / She stood me up.

* '바람맞았어'라고 표현할 때 '~하게 되다'라는 뜻의 get을 써서 get(got) stood up이라고도 말해요.

A2: She was a no-show.

A3: She didn't show up.

A1: 바람맞았어.   A2: 그녀가 안 왔어.   A3: 그녀에게 바람맞았어.

# 원어민처럼 말하기
## 기초 영어 회화 **7**편
# 직장과 취업 Talking About Your Job

직장살이, 출근충, 메신저 감옥… 이런 신조어가 생길 정도로 직장인들의 애환, 만만치 않습니다. 한편 그 애환, 제발 한 번만이라도 겪어 봤으면 하고 간절히 바라는 취준생들의 마음을 생각하면 신조어 만들고 계시는 직장인들이 더 겸손해져야 할 것 같네요. 그렇다면 우리와 문화가 다른 미국은 어떨까요? 나이, 성별, 출신 등을 따지지 않고 직원을 채용하고, 심지어 이력서에 사진도 붙이지 않는다고 해요. 그럼, 뭘로 뽑냐구요? 바로 실력이겠죠! 어느덧 강의 중반, 여러분의 영어 표현 실력도 꼭 합격점 받으시길!

원어민처럼 말하기

▶

기초 영어 회화

# + INTRODUCTION 도입 (00:00~04:02)

영어에는 '직업'을 나타내는 다양한 말들이 있습니다.

**job** 일, 직장, 일자리 (가장 기초가 되는 단어)

**occupation** 직업, 업무

**profession** (특히 전문적인) 직업

**career** (전문적인 직종의) 직업

**calling** (특히 사명감을 가지고 있는) 직업

**livelihood** 생계 수단

**trade** (숙련을 요하는) 직업, 일

**line of work** 일하는 분야

**employment** 직장, 고용

## What do you do? 무슨 일 하세요? / 직업이 뭐예요?

\* 앞서 2편의 첫 만남에서 다루었던 직업을 묻는 가장 일반적인 표현입니다.

# 너는 커서 뭐가 되고 싶니? (04:03)

OCCUPATION, PROFESSION, CAREER, CALLING,
LiVELiHOOD, TRADE, LiNE OF WORK ETC.

What do you want to be when you grow up?
When you were a child, what did you want to be when you grew up?
What did you want to be?
What's your dream job?
How do you make a living?
It's not a good way to make a living.

---

너는 커서 뭐가 되고 싶니?

## What do you want to be when you grow up?
무엇이          너는       되기를 원하니?       네가 자라면

---

제 꿈은 의사가 되는 거예요.

## My dream is to be a doctor.
제 꿈은                의사가 되는 것이에요

**AVOID** My dream is a doctor. (X)
'내 꿈은 ~이 되는 것이다.'라고 말할 때 반드시 to become(되다)이나 to be(이다)를
넣어야 한다는 점에 유의하세요.

너는 어렸을 때 크면 뭐가 되고 싶었니?

**When you were a child,** what did you want to be **when you grew up?**

네가 아이였을 때        무엇이    너는     되기를 원했니?      네가 자라면

---

너는 뭐가 되고 싶었니?

**What did you want to be?**

무엇이       너는     되기를 원했니?

---

제 꿈은 (항상) 배우가 되는 거였어요.

**My dream was (always) to be** an actor.

제    꿈은        (항상)       배우가 되는 것이었어요

---

코미디언이 되는 건 항상 제 꿈이었어요.

**It was always my dream to be** a comedian.

항상      제    꿈이었어요    코미디언이 되는 것은

---

내게 이상적인 직업은 ~이야.

**My dream job is ~.**

                                              \* dream job은 '너무도 바라는 이상적인 직업'을 뜻해요.

나의    꿈의 직업은 ~이에요

---

+ 당신은 소설가가 되는 꿈을 실현시킬 수 있었나요?

**Were you able to** realize your dream **of becoming a novelist?**

당신은 ~ 있었나요?         실현시킬 수    당신의    꿈을        소설가가 되는

\* realize는 '깨닫다'라는 뜻으로 많이 알려져 있지만, 여기서는 '실현시키다'라는 뜻의 타동사로 쓰였어요.

---

저는 꿈을 실현시키려고 노력하고 있어요.

**I'm working to realize** my dream.

저는    노력하고 있어요    실현시키기 위해      저의 꿈을

그는 여전히 소설가가 되는 꿈을 이루려고 노력하고 있어요.

**He's still working on realizing his dream of being a novelist.**

그는　여전히　노력하고 있어요　실현시키는네　　그의 꿈을　소설가가 되는

---

너의 이상적인 직업은 뭐야?

**What's your dream job?**

무엇이니?　너의　꿈의 직업은

---

너는 어렸을 때 뭐가 되고 싶었니?

**What did you want to be when you were a kid?**

무엇이　너는　되기를 원했니?　네가 아이였을 때

---

나는 대통령이 되고 싶었어.

**I wanted to be the president.**

나는 원했어　대통령이 되기를

---

저는 우주비행사가 되고 싶었지만 지금 제 이상적인 직업은 유튜버예요.

**I wanted to be an astronaut but now my dream job would be being a YouTuber.**

저는 원했어요　우주비행사가 되기를　하지만 지금　제　이상적인 직업은　유튜버예요

astronaut 우주비행사 | YouTuber 유튜브에서 동영상을 찍어 여러 사람들과 공유하는 사람

---

+ 너는 어떻게 생계를 유지하니?

**How do you make a living?**

어떻게　너는　생계를 유지하니?

---

+ 그건 생계를 유지하는데 좋은 방법이 아니다.

**It's not a good way to make a living.**

그것은 좋은 방법이 아니다　생계를 유지하는데

I'm at work.
Work friends/work stress/work meeting/my work load
I'm hanging out with some work friends.
I have work later, so I'd better get going.
I've got to go to work later.

A: Hey, man! How are things?
B: Well, work has been crazy lately. I'm under a lot of stress.
A: Sounds rough. Wanna grab a beer later?
B: Yeah, let's do that.

---

### 저는 회사에 있어요.
## I'm at work.
저는 회사에 있어요

* 우리는 흔히 '회사에'라고 말할 때 at my company라고 하지만, 실제 영어 표현에서는 잘 쓰지 않는 말입니다. 미국인들은 이때 at work라고 표현하죠.

---

### 요즘 회사 어때요?
## How has work been?
어떤가요?　　　　회사가

* 다음과 같은 표현들은 앞에 company를 쓰게 되면 어색해지므로 반드시 work라고 써야 합니다.

work friends 직장 동료 / work stress 업무 스트레스
work meeting 업무 회의 / my work load 나의 업무량

---

### 회사가 너무 바빠요.
## Things are really hectic at work.
상황이　　　　정말로　　정신없이 바빠요 회사에서

**AVOID** My company is very busy. (X)

---

### 저는 회사 동료들과 놀고 있어요.
## I'm hanging out with some work friends.
저는　　놀고 있어요　　　　몇몇의 회사 친구들과 함께

저는 회사 동료들과 한잔하고 있어요.

# I'm drinking with work friends.

지는    술 마시고 있어요    회사 친구들과 함께

* work friends는 friends from work라고도 표현할 수 있어요.

---

나 이따 일해야 돼서 가는 게 좋겠어.

# I have work later, so I'd better get going.

나는 가지고 있어요 일을    후에         그래서 나는  ~ 낫겠어요   가기 시작하는 게

**AVOID** I'm going to my part-time job. (X)  /  I'm going to my full-time job. (X)

아르바이트를 하고 있는 경우에 part-time job이라고 구체적으로 표현하는 경우가 많은데, 처음에 '일하러 간다'라고 할 때는 work라고만 해도 충분해요. 이후 어떤 일을 하는지 구체적으로 물어 온다면 part-time job이라고 대답하면 됩니다.

A: What kind of work do you do?  어떤 일 하세요?
B: It's a part-time job.  아르바이트 해요.

---

## + 이따 일하러 가야 해.

# I've got to go to work later.

나는 가야 해              회사에        후에

* I've got to ~는 I have got to ~를 줄인 말로, '~해야 한다'라는 뜻이에요.

---

### 다니엘쌤의 원어민 영어 TIP

헤어질 때 하는 인사로 I have to go.(나 가 봐야 해.)를 많이 쓴다고 알려져 있는데, 실제 회화에서는 I('ve) got to go. 또는 I('ve) got to get going.을 많이 씁니다. 또, take off(이륙하다)를 활용한 I('ve) got to take off.라는 표현도 쓰죠. 여기서 got to는 회화체에서 gotta라고 쓰기도 해요. 발음도 [갓 투]가 아니고 [가라]에 가깝습니다. 우리말로 '나 갈게.'라고 해서 그냥 I'm going.이라고 하면 좀 어색한 표현이 되겠죠? 알맞은 표현들을 기억해 두세요.

---

A: 안녕! 요새 어때?

# Hey, man! How are things?

안녕    자네    어때?        상황이

B: 요즘에 일이 너무 바빠. 나 스트레스 엄청 받고 있어.

# Well, work has been crazy lately. I'm under a lot of stress.

음　　　회사가　　말도 안 되게 바빠　　　　　최근에　　나는 영향을 받고 있어　많은 스트레스의

* 흔히 '요즘에는'이라는 말로 these days를 자주 쓰는데 recently, lately 같은 부사를 쓰는 게 더 좋습니다.

**AVOID** getting stress (X) / receiving stress (X)

'스트레스를 받는다'라고 할 때 getting stress, receiving stress는 절대 쓸 수 없어요. 대신 I'm (so) stressed (out).이나 I'm getting stressed (out). 같은 표현들을 쓸 수 있습니다.

---

### 다니엘쌤의 원어민 영어 TIP

'나 스트레스 많이 받았어.'라는 말을 할 때 I'm stressful.이라고 하면 틀린 표현입니다. 이 표현은 자신이 (남에게) 스트레스를 주는 사람이라고 말을 하는 게 되지요. 뭔가가 자신에게 스트레스를 주고 있을 때 It's so stressful. 또는 My new job is so stressful.과 같이 표현합니다. 또한 자신이 스트레스를 많이 받는 상황이라면 강의에 나오는 대로 I'm under a lot of stress.라고 하거나 I'm (really) stressed (out). 또는 I'm getting stressed (out).를 쓰면 됩니다. 반드시 stress에 ed를 붙여서 수동태 형태로 써야 한다는 것 잊지 마세요.

---

A: 힘들겠다. 이따 맥주 한잔하러 갈래?

# Sounds rough. Wanna grab a beer later?

같아　　　　힘든 것　　　　원하니?　　맥주 한잔하기를　　　　후에

rough 거친, 힘든, 골치 아픈 | grab a beer 맥주 한잔하다

B: 응, 그러자.

# Yeah, let's do that.

응　　　　우리 그렇게 하자

* let's do that.은 sounds good.이나 sounds like a plan. 또 sounds great.으로 바꿔 말할 수 있어요.

Looking for a job
I'm looking for a job.
I'm in the market for a new job.
I'm (in-)between jobs right now.
I've always wanted to be a doctor.
My dream is to be a doctor.
My dream was always to be a doctor.
I still haven't been able to find the perfect job (for me).
I lined up a job interview.

I finally got a job!
Land a job / hold down a job
I hope to get a job in the ~ industry.

---

### 저는 구직 중이에요.
# I'm looking for a job.
저는　　찾고 있어요　　직장을

---

### 저는 새로운 직장을 구하려고 해요.
# I'm in the market for a new job.
저는　　시장 안에 있어요　　　　새로운 직장을 위한

The job market is good. 고용 시장이 좋다.

the job market 고용 시장 | competitive job market 경쟁적인 고용 시장 | fierce competition 극심한 경쟁

**PLUS** on the market 판매 되고 있는

---

### 저는 지금 구직 중이에요.
# I'm (in-)between jobs right now.
저는　　사이에 있어요　　　직업들　지금

\* (in-)between jobs라는 표현은 '직업과 직업 사이에 있다'라는 뜻에서 '구직 중'이라는 의미로 쓰이고 있어요.

저는 항상 의사가 되기를 바라 왔어요.
## I've always wanted to be a doctor.

저는    항상    바라 왔어요    의사가 되기를

---

제 꿈은 의사가 되는 거예요.
## My dream is to be a doctor.

제    꿈은    의사가 되는 거예요

---

제 꿈은 항상 의사가 되는 거였어요.
## My dream was always to be a doctor.

제 꿈은    항상 의사가 되는 거였어요

---

그것은 (저에게) 딱 맞는 일자리예요.
## It's the perfect job (for me).

그것은  딱 맞는 직장이에요    (저에게)

---

저는 아직 (저에게) 딱 맞는 일자리를 찾지 못했어요.
## I still haven't been able to find the perfect job (for me).

저는 아직 ~ 없었어요    찾을 수  딱 맞는 직장을    (저에게)

---

취업 면접이 결정됐어요.
## I lined up a job interview.

저는 줄 세웠어요    직장 면접을

\* 면접 약속이나 데이트 약속 등이 잡혀 있을 때 line up을 써서 말해요.

line up a blind date 소개팅 약속이 잡혀 있다

---

저는 취업 면접을 준비하고 있어요.
## I'm preparing for a job interview.

저는    준비하고 있어요    직장 면접을 위해

\* 예문에 나온 prepare for a job interview는 취업을 준비하는 면접자의 입장에서 면접을 볼 준비를 한다는 뜻이고, prepare a job interview는 면접관의 입장에서 면접을 할 준비를 한다는 뜻이에요. 반드시 구분해서 써야 합니다.

I'm preparing a job interview. 나는 취업 면접을 할 준비를 하고 있다.(면접관의 입장에서)
I'm preparing for a test. 나는 시험 준비를 하고 있다.
I'm preparing for the TOEFL. 나는 토플 시험 준비를 하고 있다.

드디어 일자리를 구했어요!

## I finally got a job!

저는 마침내 　 얻었어요 직장을

---

드디어 일자리를 구했어요.

## I finally landed a job.

저는 마침내 　 　 얻었어요 　 　 직장을

\* land는 명사로는 '땅(토지)'이라는 뜻이고, 동사로는 '(중요한 무언가를) 획득하다, 차지하다'라는 뜻을 가지고 있어요.

How did you land such an important client? 그렇게 중요한 고객을 어떻게 확보하셨나요?

**PLUS** hold down a job 일을 계속 유지하다

---

+ 저는 ～업에서 직장을 구하고 싶어요.

## I hope to get a job in the ～ industry.

저는 바라요 　 얻기를 직장을 　 　 ～업에서

# NOTES 강의를 들으며 나만의 대답이나 궁금한 내용을 메모해 두세요.

# 거기 일자리 있나요? (17:47)

Are there any job openings there?
I heard there were job openings there.
They're hiring.
I heard (that) they're hiring.
What positions are you trying to fill?

A: Hey! How's the job search going?
B: Well, I've got a few interviews lined up.
A: Really? How many places did you apply (to)?
B: Four or five. (I'm) Not really sure if any of them are a good fit, though.
A: Yeah, I'm still looking for my dream job too.

---

### 거기 일자리 있나요?
## Are there any job openings **there**?
~ 있나요?              빈자리가              거기에

**AVOID** I heard there's a TO. (X)
우리는 어딘가에 자리가 났다고 말할 때 TO라는 표현을 많이 쓰는데, 원어민들이 생각하는 TO는 운동 경기 중간의 time-out이에요. 결원을 뜻하는 말로 TO를 쓰지는 않죠. 이때는 job opening이라고 표현해야 합니다.

apply for a job 일자리에 지원하다 | job opening (직장의) 빈자리, 결원

---

### + 거기에 일자리가 있다.
## There's a job opening **there**.
~ 있다        빈자리가              거기에

---

### 저는 거기에 일자리가 있다고 들었어요.
## I heard there were job openings **there**.
저는 들었어요   ~ 있다고         빈자리가              거기에

---

### + 그들은 사람을 구하고 있어요.
## They're hiring.                          hire (사람을) 고용하다
그들은        사람을 구하고 있어요

+ 저는 거기서 사람을 구하고 있다고 들었어요.

# I heard (that) they're hiring.

저는 들었어요 그들이 사람을 구하고 있다고

---

+ 어떤 직위에 사람을 찾고 있나요?

# What positions are you trying to fill?

어떤 직위에 당신은 채우려고 하나요?

---

A: 안녕! 일자리 구하는 건 어떻게 돼 가?

# Hey! How's the job search going?

search 찾기

안녕 어떻게 구직이 돼 가?

---

B: 면접 몇 개가 잡혀 있어.

# Well, I've got a few interviews lined up.

글쎄 나는 가지고 있어 몇 개의 면접들을 줄 서 있는

---

A: 정말? 몇 군데 지원했어?

# Really? How many places did you apply (to)?

정말? 얼마나 많은 곳들을 너는 지원했니?

---

B: 네다섯 군데. 하지만 아직 어떤 일이 나한테 딱 맞을지 잘 모르겠어.

# Four or five. (I'm) Not really sure if any of them are a good fit, though.

넷 혹은 다섯 (나는) 정말로 확신하지 못해 ~지 그것들 중 어느 것이 잘 맞는 그렇지만

* fit은 주로 형용사와 함께 쓰여 '~하게 맞는 것'이라는 뜻을 나타내요. 그래서 옷을 입어 보며 It's a good fit for me.(옷이 나한테 딱 맞아.), It's not a good fit for me.(옷이 나한테 딱 맞지 않아.) 이렇게 표현할 수 있습니다. 또한 비유적으로 회사나 일이 나에게 맞거나 맞지 않는다고 할 때도 이렇게 fit을 써서 말할 수 있어요.

---

## 다니엘쌤의 원어민 영어 TIP

It's not a good fit for me.(나한테 맞는 직업이 아닌 것 같아.)와 비슷한 표현으로 be not cut out for ~를 활용한 I'm not cut out for an office job.(난 사무직 체질이 아닌가 봐.)이 있어요. 이 말은 어떤 자리에 맞기(fit) 위해서는 울퉁불퉁 튀어나온 부분이 자리에 맞게 깎여야(cut out for) 하기 때문에 나온 표현이라고 생각하면 됩니다.

A: 그래, 나도 아직 이상적인 일을 찾고 있어.

**Yeah, I'm still looking for my dream job too.**

그래  나는  아직  찾고 있어  내 꿈의 직장을  역시

## NOTES 강의를 들으며 나만의 대답이나 궁금한 내용을 메모해 두세요.

Help wanted
How do I apply?
What are the (job) requirements?
Send in your resume.
I need to build up my resume.
I need to put it on my resume.
I need more work experience.

A: Are you still looking for a job?
B: Yeah. Why do you ask?
A: Well, the place I work is hiring right now.
B: Oh, really? How many job openings? And what are the requirements?
A: You can check the specific requirements, but the pay is good and the hours aren't bad either.
B: Sounds great! Can you help me send in a resume?
A: Sure.

What are the hours like?
What's the pay like?
Benefits
Perks

---

구인 광고를 보고 지원하려고 해요.
## I saw your help-wanted ad, and I'd like to apply.
저는 봤어요 당신의　구인 광고를　　　　　그리고　저는 ~ 싶어요　　지원하고

wanted 수배 중인 | help-wanted 구인
ad(advertisement) 광고
apply 지원하다, 신청하다

지원은 어떻게 하나요?

## How do I apply? / How should I apply?

어떻게    제가 지원하나요?          어떻게    ~해야 하나요?  제가 지원

---

(그 직책에 대한) 자격 요건이 무엇인가요?

## What are the (job) requirements (for the position)?

무엇인가요?        자격 요건이                    (그 직책에 대한)

---

이력서를 제출하세요.

## Send in your resume.

보내세요        당신의      이력서를

\* resume는 '이력서'라는 뜻으로 프랑스어에서 온 말입니다.

---

이력서를 제출했어요.

## I sent in my resume.

저는 보냈어요      제    이력서를

---

저는 스펙을 쌓을 필요가 있어요.

## I need to build up my resume.

저는 ~ 필요가 있어요 스펙을 쌓을

\* build up my resume는 '스펙을 쌓다, 이력을 쌓다'라는 뜻이에요. 우리가 흔히 쓰는 '스펙'이란 말은 specification에서 나온 말로, 본래는 전자제품 등의 설명서나 사양을 뜻하며 영어에서는 우리와 같은 의미로는 쓰지 않습니다. 따라서 스펙을 올바르게 표현하려면 qualification, skills, skill set, abilities 등의 단어로 나타내야 합니다.

---

이력서에 넣을 게 많지 않아요.                    이력서에 넣을 게 충분하지 않아요.

## I don't have a lot to put on my resume. / I don't have enough to put on my resume.

저는 가지고 있지 않아요    많은 것을 제 이력서에 적을              저는 가지고 있지 않아요    충분한 만큼의 양을 제 이력서에 적을

---

이력서를 채울 필요가 있어요.

## I need to put it on my resume.

저는 ~ 필요가 있어요 채울        제 이력서를

\* I need to fill up my resume.라고 바꿔 말할 수 있어요.

---

+ 저는 더 많은 경력을 쌓아야 해요.

## I need more work experience.

저는 필요해요 더 많은        경력이

\* build up some experience도 '경력을 쌓다'라는 뜻이에요.

A: 너 아직도 일자리 구하고 있어?

**Are you still looking for a job?**

너는　　아직　구하고 있니?　직장을

---

B: 그래. 왜 물어봐?

**Yeah. Why do you ask?**

그래　　왜　　　　너는　　묻니?

---

A: 내가 일하는 곳에서 지금 사람을 구하고 있어.

**Well, the place I work is hiring right now.**

글쎄　　~ 곳이　　　　내가 일하는　고용하고 있어　지금

---

B: 아, 그래? 몇 명이나 구하는데? 자격 요건이 어떻게 돼?

**Oh, really? How many job openings? And what are the requirements?**

아　　정말?　　얼마나 많은　　빈자리들이 있어?　　그리고　무엇이니?　　자격 요건은

---

A: 웹사이트에서 자세한 사항은 확인할 수 있어. 급여도 괜찮고 근무 시간도 나쁘지 않아.

**You can check the specifics on the website, but the pay is good and the hours**

너는 ~ 있어　　확인할 수　자세한 사항을　　웹사이트에서　　　　그러나　급여가　　괜찮아　　그리고　시간도

**aren't bad either.**

나쁘지 않아　　역시

---

B: 좋아! 나 이력서 내는 것 좀 도와줄래?

**Sounds great! Can you help me send in a resume?**

들려　　좋게　　~ 있니? 너는　도와줄 수　내가　보내는 걸　이력서를

---

A: 물론이지.

**Sure.**

물론이지

(근무) 시간이 어떻게 되나요?

## How are the hours? / What are the hours like?

어떤가요?　　　시간이　　　　　어떤가요?　　　시간이

---

급여가 어떻게 되나요?

## What's the pay like?

어떤가요?　　　급여가

---

복지 조건이 어떻게 되나요?

## What are the benefits like?

어떤가요?　　　복지 조건이

---

그 직장은 많은 혜택이 있어요. 비행기 일등석을 탈 수 있고, 법인카드를 쓸 수 있어요.

## The job has a lot of perks. I can fly first class and use the corporate card.

그 직장은　　　가지고 있어요 많은 혜택을　　　저는 탈 수 있고　일등석을　　　사용할 수 있어요 법인카드를

perks 혜택 | corporate card 법인카드

## NOTES 강의를 들으며 나만의 대답이나 궁금한 내용을 메모해 두세요.

## QUIZ 질문을 듣고 자기만의 모범 답안을 완성해 보세요.

Q: 스펙을 쌓다

A:

Q: 이력서를 채울 필요가 있어요.

A:

Q: 저는 그 직책/직장에 지원해요.

A:

Q: 저는 취업 면접을 준비하고 있어요.

A:

Q: 저는 토플/토익 시험을 준비하고 있어요.

A:

Q: 너의 이상적인 직업은 뭐야?

A:

Q: 그것은 나의 이상적인 직업이야.

A:

Q: 그것은 항상 내 이상적인 직업이었어.

A:

## ANSWER 마이클쌤과 다니엘쌤의 답안입니다.

---

Q: 스펙을 쌓다

A: Build up my resume

---

Q: 이력서를 채울 필요가 있어요.

A: I need to put it on my resume.

* 만일 이력서를 더 채울 필요가 있다고 말하려면 more를 써서 I need to put it more on my resume.라고 하면 되겠지요.

---

Q: 저는 그 직책/직장에 지원해요.

A: I'm applying for that position/job.

---

Q: 저는 취업 면접을 준비하고 있어요.

A: I'm preparing for a job interview.

---

Q: 저는 토플/토익 시험을 준비하고 있어요.

A: I'm preparing for the TOEFL/TOEIC.

Q: 너의 이상적인 직업은 뭐야?

A: What's your dream job?

---

Q: 그것은 나의 이상적인 직업이야.

A: It's my dream job.

---

Q: 그것은 항상 내 이상적인 직업이었어.

A: It's always been my dream job.

# 원어민처럼 말하기

## 기초 영어 회화 ❽편

### 자기소개 Introducing Yourself

요즘 아무리 자기 PR 시대라지만, 성장기 내내 겸손을 미덕으로 알고 자란 우리에게는 제대로 된 '자기소개'도 솔직히 벅찰 때가 있어요. 더구나 영어로 하는 자기소개라니~! 그렇다고 손 놓고 있을 수만은 없겠죠. 원어민들은 처음 만나는 사람과 어떤 대화를 나누는지, 개인적인 질문은 어떻게 해야 실례가 안 되는지 등을 꼼꼼히 체크해 가며 다양하고 쉬운 표현들로 연습해 보세요. 어렵게 하려다 보면 자기소개가 아니라 감추고 싶은 영어 실력만 소개될 테니까요.

원어민처럼 말하기

기초 영어 회화

# + INTRODUCTION 도입 (00:00~05:35)

---

**She has a baby face.** 그녀는 동안이다.
**She looks young for her age.** 그녀는 나이에 비해 젊어 보인다.

---

**He was born in Gimhae.** 그는 김해에서 태어났다.
**Danny was born in Cheongju.** 대니는 청주에서 태어났다.
**I've ridden the Gimhae light rail.** 나는 김해에 있는 경전철을 타 봤다.

---

**Since we're on the topic** 그 말이 나온 김에
**What are the Chinese characters for your name?** 이름에 어떤 한자를 쓰나요?

Chinese character 한자

---

**It's a pleasure to have you here.** 와 주셔서 반가워요.
**He does a weekly segment on *English Go Go*.** 그는 '잉글리시 고고'라는 프로그램에서 매주 한 코너를 맡고 있다.

weekly 매주의 | segment 부분

---

### 다니엘쌤의 원어민 영어 TIP

영어 표현 중에 Two is company, three is a crowd.라는 말이 있어요. 그대로 해석하면 '둘은 친구이고, 셋이면 군중이다.'라는 뜻으로, 둘은 괜찮지만 셋이면 너무 많다는 의미예요. 예를 들어 한 커플이 데이트를 하는데 혼자 있는 친구가 안돼 보여 같이 나가자고 해요. 그런데 그 친구는 남의 데이트에 끼는 게 불편하니까 거절하죠. 그때 이 표현을 쓰는 거예요. 이와 비슷한 표현으로 third wheel(세 번째 바퀴)이라는 말이 있어요. 이 말은 옛날 마차 바퀴는 두 개인데 쓸데없이 하나 더 붙어 있다 보니 걸리적거리고 방해만 된다는 것을 의미해요. 따라서 커플끼리 데이트하는데 눈치 없이 끼어 방해되는 사람을 말할 때 third wheel 이라고 해요.

A: Do you want to join us? 우리한테 낄래?
B: I don't want to be a third wheel. 걸리적거리기 싫어.

# 자기소개를 해 주세요! (05:36)

Please introduce yourself!
Would you please introduce yourself?
Hello, everyone.
My name is ~.

---

### 자기소개를 해 주세요!
## Please introduce yourself!

소개해 주세요          당신 자신을

I'm going to introduce myself. 제 소개를 하겠습니다.

self-INTRODUCTION 자기소개
introduce 소개하다 | yourself you의 재귀대명사

---

### 자기소개를 해 주시겠어요?
## Would you please introduce yourself?

~ 주시겠어요? 당신이          소개해          당신 자신을

\* Would you please ~?(~해 주시겠어요?)라고 하면 굉장히 정중하게 부탁하는 느낌입니다.

## 다니엘쌤의 원어민 영어 TIP

영어로 자기소개를 하면서 앞에 actually나 frankly 등을 붙일 때가 많은데, 사실 원어민들은 잘 쓰지 않는 표현이에요. 특히 actually는 이미 한 말을 번복하거나 누구도 예상하지 못한 이야기를 할 때 쓰는 말이죠. 따라서 actually나 frankly 대신 우리말의 '자~'라는 뜻의 well로 시작하는 것이 훨씬 자연스럽습니다.

I'm actually a Korean. (외국인으로 보이는 사람이) 나는 사실 한국인이야.
Actually, I'm Chinese. (내가 중국인인지 모르고, 중국에 대해 안 좋은 이야기를 하는 사람에게) 사실 나 중국인이야.
(I may look young but) I'm actually the oldest person here. (내가 젊어 보일지 모르지만) 나는 사실 여기서 가장 나이가 많아요.
Well, I guess I'll go ahead and get started. 자, 이제 시작해 볼까요.

또, 자신의 영어 실력을 과시라도 하듯이 말하는 사이사이 you know나 like 등을 섞어 쓰는 경우를 종종 볼 수 있는데요. 영어를 잘 모르는 사람에게는 유창하게 들릴지 모르지만, 원어민들이 듣기에는 거슬리는 표현이 될 수 있어요. 별로 좋지 않은 언어 습관인 데다 한 번 형성되면 고치기 힘드므로, 아예 회화 공부 초기부터 주의하는 게 좋아요.

---

### + 안녕하세요, 여러분.
# Hello, everyone.

안녕하세요    여러분

＊ 자기소개는 역시 인사로 시작해야죠.

---

### + 제 이름은 ~예요.
# My name is ~.

저의    이름은 ~예요

＊ 인사를 한 다음에는 My name is ~.라고 자기 이름을 소개해요.

---

# NOTES 강의를 들으며 나만의 대답이나 궁금한 내용을 메모해 두세요.

I'm back home in Denver.
I'll be back in Denver for a few weeks.
Where are you from?
Where are you originally from?
I'm originally from ~ but I went to school in ~ and now I live in ~.
I'm originally from ~ but I grew up in ~ and now I live in ~.

---

### 저는 고향 덴버에 돌아왔어요.
# I'm back home in Denver.
저는 돌아왔어요   고향   덴버에

**AVOID** I'm in my hometown. (X) / I'm at my hometown. (X)
be back 돌아오다

### + 저는 몇 주 동안 덴버에 돌아갈 거예요.
# I'll be back in Denver for a few weeks.
저는 돌아갈 거예요   덴버에   몇 주 동안

### 고향이 어디예요?
# Where's your hometown?
어디예요?   당신의 고향이

* 이 표현을 소개한 이유는 hometown이라는 단어를 많이 쓰지 말라는 것 때문이었으니 유의하세요.

### 어디에서 왔어요?
# Where are you (originally) from?
어디   당신은   (원래)   출신인가요?

* 고향을 물어 볼 때 원어민이 많이 쓰는 표현입니다.

---

### 저는 원래 텍사스 출신이지만 캘리포니아에서 대학교를 다녔고 지금은 신촌에 살고 있어요.
# I'm originally from Texas, but I went to school in California and now I live in Sinchon.
저는   원래   텍사스 출신이에요   그러나 저는 학교에 갔어요   캘리포니아에서   그리고 지금   저는 살아요 신촌에

**+** 저는 원래 덴버 출신이지만 캘리포니아 오렌지 카운티에서 자랐고 지금은 서울에 살고 있어요.

# I'm originally from Denver, but I grew up in Orange County, California

저는　　원래　　　　　덴버 출신이에요　　　　　그러나　저는 자랐어요　　　캘리포니아 오렌지 카운티에서

# and now I live in Seoul.

그리고　　지금　　　저는 살고 있어요 서울에서

## NOTES 강의를 들으며 나만의 대답이나 궁금한 내용을 메모해 두세요.

What do you do?
I'm in college.
Where do you go?
Where do you go to school?
I go to Yonsei.

---

### 무슨 일을 하세요?
# What do you do?
무엇을      당신은  하나요?

**AVOID** What's your job? (X)
우리말에서 '직업이 뭐예요?'라고 묻는 게 실례이듯이 원어민들도 직업을 물어볼 때 직접적인 표현 대신 What do you do?라고 표현합니다.

---

### 저는 대학생이에요.
# I'm in college.
저는   대학에 재학 중이에요

---

### 저는 ～대학교 학생이에요.
# I'm a student at ～.
저는 학생이에요      ～대학교에

---

### + 저는 사실 아직 대학생이에요.
# I'm actually still in college.
저는   사실      아직   대학에 재학 중이에요

---

### 어디에 다니나요?
# Where do you go?
어디에      당신은 가나요?

\* Where do you go to school?이라고 바꿔 말할 수 있어요.

**AVOID** What university do you attend? - I attend Yonsei University. (X)
'학교에 다닌다'라고 표현할 때 attend를 쓰지 않고 go와 같은 쉬운 동사를 씁니다.

**저는 연세대학교에 다녀요.**

# I go to Yonsei.

저는 가요 연세대학교에

* 누군가에게 직업이나 학교 등을 물어볼 때 어려운 표현을 쓰지 않아도 얼마든지 대화할 수 있어요. 다음 대화처럼 쉽고 간단한 표현으로 연습해 보세요.

A: What do you do? 무슨 일 하세요?
B: Actually, I'm still in college. 사실 저는 아직 대학생이에요.
A: Oh, really? Where do you go? 아, 그래요? 어디에 다녀요?
B: I go to Yonsei. 연세대에 다녀요.

# NOTES 강의를 들으며 나만의 대답이나 궁금한 내용을 메모해 두세요.

Friends from back home
We're friends from back home.
He's a friend from back home.
I have to get gifts for some friends back home.
I miss my friends from back home.

---

우리는 고향 친구야.

# We're friends from back home.

우리는    친구들이야    고향 출신의

---

그는 내 고향 친구야.

# He's a friend from back home.

그는    친구야    고향 출신의

---

그는 내 대학 친구야.

# He's a friend from college.

그는    친구야    대학 때

---

+ 나는 고향 친구들에게 줄 선물을 마련해야 한다.

# I have to get gifts for some friends back home.

나는 ~해야 한다    마련    선물을    몇몇의 고향 친구들을 위한

---

+ 나는 고향 친구들이 그리워.

# I miss my friends from back home.

나는 그리워    내 고향 친구들이

What do you do in your free time?
What do you do in your spare time?
In my free time, I like to ~.
Do you have any hobbies?

---

시간이 날 때 당신은 무엇을 하나요?
# What do you do in your free/spare time?
무엇을　　　당신은 하나요?　　　당신의 자유 시간에

* 취미를 물어볼 때 원어민들이 많이 쓰는 표현이에요. 우리가 알고 있는 '취미'라는 뜻의 단어 hobby는 원래 다음의 예문처럼 전문적인 지식을 필요로 하고 오랜 시간에 걸쳐 실력을 연마하는 것을 말하죠. 따라서 What's your hobby?나 My hobby is watching TV.와 같은 표현은 적절하지 않겠죠.

> Woodworking is my hobby. 목공예가 내 취미예요.
> One of my hobbies is stamp collecting. 내 취미 중 하나는 우표 수집이에요.

**PLUS** '맛있다'라고 표현할 때 delicious라는 말을 많이 쓰지만, 사실 이 단어는 누군가가 직접 해 준 음식이 맛있다고 좀 과장되게 표현할 때나 음식 광고 등에서나 쓸 수 있는 표현이에요.

(여자친구가 처음으로 음식을 해 줬을 때) Oh, sweetie, it's delicious! 오, 자기야! 너무 맛있어!
(친구 어머니가 음식을 해 주셨을 때) Mrs. Smith, it's so delicious! 스미스 부인, 정말 맛있네요!

A: How's your food? 맛이 어때요?
B: It's good.〈 It's great. 〈 It's wonderful. 〈 It's amazing. 〈 It's delicious. 맛있어요.
(음식이 맛있다고 할 때 보통은 이렇게 대답을 하고 맛있음의 정도를 나타내는 순서는 이렇습니다.)

scrumptious 아주 맛있는 | yummy '아주 맛있는'을 귀엽게 표현할 때

---

시간이 날 때 저는 한자 공부 하는 걸 좋아해요.
# In my free time, I like to study Chinese characters.
저의 자유 시간에　　　　　　저는 공부하기를 좋아해요　　　한자

---

시간이 날 때 저는 야구 경기를 즐겨 봐요.
# In my free time, I like to watch baseball (games).
저의 자유 시간에　　　　　　저는 보기를 좋아해요　　　야구 (경기)

취미에 대해서 이야기할 때는 반드시 복수형(plural form)으로 말해야 합니다.

In my free time, I enjoy watching American TV shows. 나는 쉬는 시긴에 미드 **보는** 걸 좋아해.
I watch baseball games. 나는 야구 경기를 봐.
In my spare time, I like reading books. 나는 시간이 날 때 책 읽는 걸 좋아해.

만일 I like reading a book.이라고 표현하면 '책 한 권을 계속 반복해서 읽는 것을 좋아한다'라는 뜻이므로 취미로 책을 읽는다고 할 수가 없겠죠. 따라서 취미로 무언가를 한다고 말할 때는 대부분 복수형의 명사로 표현해야 합니다.

---

아 그래요, 당신 야구 광팬이라고 했죠.

# Oh yeah, you said you were a big fan of baseball.

아　　그래요　　당신은　　말했어요　당신이　　　　　　야구 광팬이라고

---

가장 좋아하는 팀이 어디예요? 피츠버그 파이어리츠 아닌가요?

# What's your favorite team? Not the Pirates?

무엇인가요?　　당신이 가장 좋아하는 팀이　　　　　　피츠버그 파이어리츠 아닌가요?

\* Not the Pirates?라고 물은 이유는 마침 강의에 함께하신 허준석 쌤이 피츠버그 모자를 쓰고 있었기 때문이죠. 평소라면 이렇게 질문하진 않습니다.

---

지금 한국 선수들이 있나요?

# Do they have any Korean players now?

그들이 가지고 있나요?　　　　　한국 선수들을　　　　　지금

---

저는 미드 보는 걸 즐겨요.

# I like watching American TV (shows).

저는 보기를 좋아해요　　　미드

\* American TV (shows)는 미국 드라마를 말할 때 쓰는 표현으로, American dramas라는 표현은 쓰지 않습니다.

---

취미가 뭐예요?

# Do you have any hobbies?

당신은 가지고 있나요?　　　취미를

# 저는 친구를 잘 사귀어요 (18:12)

Strengths and weaknesses
I'm good at ~.
I'm good at making friends.
I'm good at public speaking.
I'm bad at ~.
I'm not very good at ~.
I enjoy surfing, but I'm not very good at it.

---

### 저는 ~을 잘해요.
## I'm good at ~.

strengths and weaknesses 강점과 약점

저는 잘해요 ~을

---

### + 저는 친구를 잘 사귀어요.
## I'm good at **making friends.**

저는 잘해요 친구 사귀는 것을

---

### + 저는 연설을 잘해요.
## I'm good at **public speaking.**

저는 잘해요 연설을

---

### 저는 ~을 못해요.
## I'm (really) bad at ~.

**AVOID** I'm poor at ~. (X)
'나는 ~을 못한다'라고 표현할 때 poor를 쓰는 것은 영국식이면서 옛날식 표현이므로 쓰지 않는 게 좋아요.

저는 (정말) 못해요 ~을

---

저는 (정말) ~을 못해요.

# I (really) suck at ~.

저는 (정말)　　　　못해요　　~을

\* 예문처럼 '~을 못하다'라고 할 때 속어적인 표현을 쓸 수도 있어요.

I suck at Korean. 나는 한국어를 못해요.

**AVOID** I'm suck at ~. (X) / It was sucks ~. (X)

---

나는 (정말) 문법에 약해.

# I'm (really) bad at grammar.

나는　　(정말)　　　못해　문법을

---

나는 새로운 단어 배우는 것을 (정말) 못해.

# I'm (really) bad at learning new words.

나는　　(정말)　　　못해　배우는 것을　　　새로운 단어를

---

나는 (정말) 집중을 못해.

# I'm (really) bad at concentrating.

나는　　(정말)　　　못해　집중하는 것을

I can only concentrate for about five minutes. 나는 오 분 동안만 집중할 수 있다.

concentrate 집중하다, 전념하다
attention span 주의 지속 시간

---

나는 ~을 그리 잘하지 못해.

# I'm not very good at ~.

나는　그리 잘하지 못해　　~을

\* '~을 못하다'라고 표현할 때 good을 부정하는 방법으로 쓸 수도 있어요.

---

+ 나는 파도타기를 즐기지만 그건 그리 잘하지 못해.

# I enjoy surfing, but I'm not very good at it.

나는 즐겨　　파도타기를　　　그러나　나는 그리 잘하지 못해　　　　　그것을

# 너는 남자형제나 여자형제 있니? (20:58)

Do you have any brothers or sisters?
Do you have any siblings?

---

**너는 남자형제나 여자형제 있니?**

## Do you have any **brothers or sisters?**

너는 가지고 있니?　　　　　　남자형제나 여자형제를

---

**너는 형제자매가 있니?**

## Do you have any **siblings?**

너는 가지고 있니?　　　　　형제자매를

sibling 형제자매

## NOTES 강의를 들으며 나만의 대답이나 궁금한 내용을 메모해 두세요.

---

QUIZ 질문을 듣고 자기만의 모범 답안을 완성해 보세요.

Q: **Please introduce yourself.** 자기소개를 해 보세요.

A:

# ANSWER 마이클쌤의 답안입니다.

---

## Hi, everyone! / Hi, guys! 안녕하세요, 여러분!

* guys라는 표현은 처음 보는 사람들이나 나이가 많은 사람들 앞에서는 쓰지 않는 게 좋아요.

---

## My name is Michael. I'm originally from Denver, Colorado.

제 이름은 마이클이에요. 저는 콜로라도 주 덴버에서 왔어요.

---

## It's the city located right next to the Rocky Mountains. 그곳은 록키 산맥 바로 옆에 있는 도시예요.

---

## I've been in Korea for about 13 years on and off. 저는 약 13년간 한국을 왔다 갔다 하며 살고 있어요.

* They've been dating on and off for about a year. 그들은 일 년 동안 사귀었다 헤어졌다 했다.

---

## I have an older brother. 저에게는 형이 한 명 있어요.

---

## He runs a fashion company back home in Denver. 그는 고향 덴버로 다시 돌아가 패션 회사를 운영하고 있어요.

---

## My dream was to be a Korean-English translator. 제 꿈은 한영 번역가가 되는 거였어요.

---

## I love Korean culture, not so much the K-pop, not so much the Hallryu stuff, but more the traditional culture. 저는 한국 문화를 좋아합니다. 케이팝이나 한류가 아닌 전통문화 말이지요.

not so much ~ but… ~가 아니라 …이다

---

## I love Korean architecture and Korean traditional music. 저는 한국의 건축 양식과 전통 음악을 좋아해요.

## And I want to be of use to the Korean people in translating that beautiful culture.

그리고 제가 한국의 아름다운 문화를 번역하는 것이 한국 사람들에게 도움이 되었으면 해요.

---

### 다니엘쌤의 원어민 영어 TIP

use와 useful을 비교해 보면 둘 다 '유용한'이라는 뜻으로, 기본적 의미는 같습니다. 하지만 예문과 같은 of use는 좀 더 문어체에 가까운 격식 있는 표현이므로 의미가 비슷하다고 해서 무조건 바꿔 쓸 수는 없어요. 예를 들어 '화장실 사용 후 물을 내려 주세요.'와 같은 문구를 게시하고 싶다면, Please flush after using it.라고 해도 되지만, Please flush after use.라는 문장이 더 적절해요. 두 번째 문장이 사무적이면서도 더 표어에 가까운 느낌이거든요. 참, 여기서 첫 번째 문장 using의 use는 동사이므로 s를 [z]로 발음하지만, 두 번째 문장 use는 명사이므로 s를 [s]로 발음해야 한다는 점에 주의하세요.

---

## So, I came here to study Korean. It's been about 13 years now.

그래서 저는 한국어를 공부하려고 여기에 왔습니다. 그게 지금 13년 정도 됐어요.

---

## I'm originally from Denver, but I went to school in Los Angeles and now I live in Sinchon. 저는 덴버 출신이지만, 로스앤젤레스에서 대학교에 다녔고 지금은 신촌에 살아요.

---

## I majored in music composition. 저는 작곡을 전공했어요.

* composition은 '작곡, (그림의) 구도, 작문' 등의 창작과 관련된 의미로 많이 쓰이는 단어입니다.

  It's a beautiful composition. 그것은 아름다운 그림이다.
  The composition is not good. 구도가 좋지 않다.
  I wrote this composition for English class. 난 영어 시간에 작문을 했다.

---

## When I started college, I was a double major in performance and composition.

대학교에 들어가서 저는 연주와 작곡을 복수 전공했어요.

double major 복수 전공

---

## In my free time, I enjoy studying Korean proverbs and Chinese characters.

시간이 날 때 저는 한국 속담과 한자 공부하는 걸 즐겨요.

---

## My new goal is to earn a level one certification in Chinese characters.

저의 새로운 꿈은 한자 1급 자격증을 따는 거예요.

# ANSWER 대니쌤의 답안입니다.

As you guys know already, I'm Daniel Kim also known as Myungho Kim.
여러분도 이미 알고 계신 것처럼 저는 다니엘 김이고 한국 이름은 김명호입니다.

I'm the CEO of Danielssam.com. An English-learning website.
저는 영어공부 사이트 Danielssam.com의 대표입니다.

I teach English there and Michael hooked me up a lot. 저는 영어를 가르치고 있고, 마이클쌤이 저를 많이 도와주셨어요.

I'm the cofounder of FriendsinKorea.com, where people get together, foreigners and Koreans in Korea for language exchange and international parties.
저는 FriendsinKorea.com의 공동창립자인데요, 거기서는 외국인과 한국인들이 같이 모여서 언어 교환과 국제적인 파티를 해요.

I'm the owner of this bar and café, Hongdae Playground.
People get together here, like, expats in Korea and Koreans who are interested in hanging out with them. 저는 이곳 카페 겸 바 홍대 플레이그라운드의 주인이에요. 한국에 사는 외국인들, 그리고 그들과 어울리고 싶어 하는 한국인들이 여기에 모여요.

I like watching American TV shows in my free time. 저는 시간이 날 때 미드 보는 걸 좋아해요.

I'm bad at ...picking on Michael. (Just kidding.) 저는 마이클쌤을 괴롭히는 걸 잘 못해요. (농담이에요.)

I have an older brother back home in Cheongju. That's where I'm originally from. I was born and raised there until 20 years old .
청주에 제 형이 살고 있어요. 그곳은 제가 태어난 곳이기도 해요. 저는 청주에서 태어났고 스무 살 때까지 그곳에서 자랐어요.

**I went to Chungang University, where I majored in Newspapers and Broadcasting.**
저는 중앙대학교에 다녔고 신문방송학을 전공했어요.

---

**I also have a younger brother down in Busan.** 또 부산에 남동생이 살고 있어요.

---

**I guess that's pretty much it. / I guess that'll do it.** 이게 다인 것 같아요.

\* 식당에서 음식을 주문할 때도 쓰는 표현이에요.

I want meatball spaghetti and glasses of house wine and some garlic bread. And that will do it.
미트볼 스파게티, 하우스와인 한 잔, 그리고 마늘빵 주세요. 이게 다인 것 같네요.


# ANSWER 준쌤의 답안입니다.

---

**Hi, guys. My name is Heo, Jun Seok. That's my Korean name and my English name is Jun.** 안녕하세요, 여러분. 제 한국 이름은 허준석입니다. 그리고 영어 이름은 준이에요.

---

**I used the middle syllable of my name for my English name. The reason I chose the name from the middle is "Seok" sounds too much like "suck." So it sounds a little negative.**

저는 제 영어 이름을 가운데 글자로 정했어요. 그 이유는 '석(Seok)'이 '썩(suck)'처럼 들려서예요. 좀 부정적으로 들리거든요.

---

**"Jun" is easy to remember and easy to pronounce.** '준'은 기억하기도 발음하기도 쉬워요.

---

**I'm originally from Gimhae, which is near Busan I guess it's the second biggest city in Korea. I was born and raised there.**

저는 우리나라에서 두 번째로 큰 도시인 부산 옆에 있는 김해에서 태어났어요. 그곳에서 태어나고 자랐습니다.

**When I turned 19, as soon as I graduated from high school, I moved up to Cheongju.** 저는 열아홉 살에 고등학교를 졸업하고 청주로 옮겨 갔어요.

✱ 그러고 보니 준쌤은 고등학교 졸업 후 청주로, 대니쌤은 청주에서 서울로 오는 바람에 서로 엇갈렸네요. '엇갈리다'는 miss, cross 등을 써서 표현합니다.

They just missed each other. 그들은 서로 엇갈렸다.
Their paths didn't cross. 그들의 길이 겹치지 않았다.

**PLUS** 여기서 하나 더 알아 두실 것은 '우연히'라고 말할 때 by accident나 accidentally를 쓰지 않는다는 것입니다. 이 말들은 실수로 뭔가 사고를 쳤을 때 쓸 수 있는 표현이에요. 원어민들은 '우연히'라는 의미로 coincidentally, by chance, as fate would have it 등의 표현을 훨씬 더 많이 씁니다.

They met by chance in Seoul. 그들은 서울에서 우연히 만났다.
I knocked over the water bottle by accident. 사고로 물병을 넘어뜨렸어요.
Sorry, I broke your camera by accident. 죄송해요, 사고로 카메라를 부서뜨렸어요.

---

**I went to KNUE, which stands for the Korean National University of Education.**
저는 한국 교원대학교에 다녔어요.

---

**My dream was to be an English teacher and now I am an English teacher.**
제 꿈은 영어 선생님이 되는 거였어요. 지금은 영어 선생님이 됐고요.

---

**And I majored in English education and also double majored in Korean education.** 그리고 저는 영문학과 국문학을 복수 전공했어요.

# 원어민처럼 말하기
## 기초 영어 회화 9편

## 학교 생활 Talking About School Life

지금 ~대학 다녀, 미적분은 따분해서 때려치웠어, 복수 전공은 ~고 전공은 ~야, 이번 학기 ~는 F 받아 버렸어…
학교 생활에 대해 얘기하려니 웬 할 말이 이렇게나 많은지요. 더구나 마이클쌤과 대니쌤 강의를 함께 공부하고 나서 이런
말들을 곧 영어로 표현할 수 있게 된다고 생각하니 마구 설레네요. 여기서는 학교 생활이라고 해서 전문적이고 어려운 말
들이 아닌, 정말 원어민들이 많이 쓰는 일상적인 말들로 연습한다는 점에 주목해 주세요.

＊ 원어민처럼 말하기 9편-15편까지는 Ten in Ten! (10분 안에 필수 회화 유형 10개!) 1-7편을 바탕으로 구성되었습니다.
＊ 링크주소 https://www.youtube.com/watch?v=UdHdHdUpSkI&list=PLifVOoZ-q27cWmYxtPM53fY0vrmWmIwRw&index=1

원어민처럼 말하기

기초 영어 회화

What kind of (a) student were you?
What kind of student were you back in high school/college?
I was a ~ student.
I was a good student.
I was a bad student.
Back in middle school, I was a good/bad student.
I was always a terrible/horrible student.
I was a rebellious student.
He was a very unruly student.
He's a nerd.

---

학교 다닐 때 어떤 학생이었어요?
## What kind of (a) student were you?
어떤 종류의 학생이었어요?　　　　　　　　　당신은

\* Do you study well?(너 공부할 때 집중 잘 돼?)이라는 표현을 한국에서는 '학교에서 공부 열심히 하는 학생이니?'라는 의미로 해석하는 경우가 많은데, 이 말은 공부하는 모습을 보고 공부에 집중이 잘 되는지 물어보는 표현입니다.

고등학교/대학 다닐 때 어떤 학생이었어요?

# What kind of student **were you** back in high school/college?

어떤 종류의 학생이었어요?　　　　　　당신은　예전　　고등학교 때/대학교 때

---

저는 ~ 학생이었어요.

# I was a ~ student.

저는 ~이었어요　　~ 학생

---

저는 착한 학생이었어요.

# I was a **good** student.

저는 ~이었어요　좋은 학생

---

저는 불량한 학생이었어요.

# I was a **bad** student.

저는 ~이었어요　나쁜 학생

---

중학교 다닐 때 저는 착한/불량한 학생이었어요.

# Back in middle school, I was a **good/bad** student.

중학교로 되돌아가면　　　　　　　저는 ~이었어요　좋은/나쁜 학생

---

저는 항상 문제아였어요.

# I was **always a terrible** student.

저는 항상 ~이었어요　　끔찍한(무시무시한) 학생

* '문제가 있는 학생'을 말할 때는 terrible student 또는 horrible student라고 합니다.

---

저는 반항아였어요.

# I was a **rebellious** student.

저는 ~이었어요　반항적인 학생

* student 대신 kid를 써도 됩니다.
  rebellious 반항적인, 거부하는

---

그는 진짜 제멋대로 구는 학생이었어요.

# He was a **very unruly** student.

그는 ~이었어요　매우 다루기 힘든 학생

unruly 다루기 힘든, 제어하기 어려운

그는 모범생이야.

# He's a nerd.

그는 ~야  공부벌레

---

그는 범생이 같아.

# He looks like a dork.

그는 ~ 같아          범생이

---

## 다니엘쌤의 원어민 영어 TIP

'예전'이라고 말할 때 보통 '~전에'의 뜻인 before만 떠올리는 경우가 많은데, back이라는 단어를 활용하면 훨씬 원어민에 가까운 표현을 할 수 있습니다.

back 예전   back in the day 옛날에는, 예전에는          back then 예전 그때에는, 그 당시에는
          back in college 대학교 시절에는                  back home/back where I come from 예전 내가 살던 곳에서는
          back in the States 예전에 내가 살던 미국에서는   back when I was a child 예전에 나 어렸을 때는
          back when we were kids 예전에 우리가 어렸을 때는

way back 아주 옛날, 오래 전   Me and him? We go way back. 나랑 걔? 우리는 아주 오래 전부터 아는 사이야.
          I first met him way back in the 90s. 나 그 사람을 아주 옛날 90년대에 처음 만났어.

# 시험 성적 뭐 받았어요? (03:07)

What did you get on the ~?
What did you get on the report?
What (grade) did you get on the presentation/your presentation?
What did you get on the TOEFL/TOEIC?
I got an A on the test.
How many did you get wrong/right?
I got that one wrong. / I got that one right.

---

### ~에서 뭐 받았어요?
## What did you get on the ~?

무엇을　　　당신은 받았어요?　　　~에서

---

### 보고서 뭐 받았어요?
## What did you get on the report?

무엇을　　　당신은 받았어요?　　　보고서에서

---

### 발표 (성적) 뭐 받았어요?
## What (grade) did you get on the presentation/your presentation?

무엇(무슨 성적)을　　　당신은 받았어요?　　　발표에서　　　　　　당신의 발표에서

---

### 시험 성적 뭐 받았어요?
## What did you get on the test?

무엇을　　　당신은 받았어요?　　　시험에서

---

### 토플/토익 성적 뭐 받았어요?
## What did you get on the TOEFL/TOEIC?

무엇을　　　당신은 받았어요?　　　토플/토익에서

전 성적 A 받았어요.

## I got an A on **the test.**

저는 받았어요 A를 　시험에서

* 성적을 나타내는 A, B 등의 앞에는 반드시 관사 a/an을 써요.

---

몇 개 틀렸어요?

## How many did you get **wrong?**

얼마나 　많이 　당신은 　틀렸나요?

---

몇 개 맞았어요?

## How many did you get **right?**

얼마나 　많이 　당신은 　맞았나요?

---

한 개 틀렸어요. 　　　　　　한 개 맞았어요.

## I got that one **wrong.** / I got that one **right.**

저는 받았어요 　한 개 　틀리게 　저는 받았어요 　한 개 　맞게

---

틀렸어요. 　　　　맞았어요.

## I got it **wrong.** / I got it **right.**

저는 받았어요 그것을 틀리게 　저는 받았어요 그것을 맞게

What did you get on your report card?
I got a/an ~ on my report card.
I got straight A's on my report card (this semester).
Have you ever gotten straight A's?
I passed with flying colors.
I aced the test.

---

**성적표 뭐 받았어요?**

# What did you get on **your report card?**

report card 성적표

무엇을      당신은 받았어요?      당신의 성적표에서

---

**저는 성적표 ~ 받았어요.**

# I got a/an ~ on **my report card.**

저는 받았어요      저의 성적표에서

---

**저는 (이번 학기) 성적표 올 A 받았어요.**

# I got **straight A's on my report card (this semester).**

저는 받았어요 연속 A를      저의 성적표에서      (이번 학기)

* 올 A를 받았다고 할 때 all A's라고 해도 말은 통하지만 straight A's라고 해야 좀 더 원어민들의 표현에 가깝습니다.

semester 학기

---

**A: 너 올 A 받아 본 적 있어?**

# Have you ever gotten **straight A's?**

너는 받아 본 적 있어?      연속 A를

B: 네, 저는 지난 학기에 올 A 받았어요.

## Yeah, I got straight A's last semester.

네　　　　저는 받았어요 연속 A를　　　　지난 학기에

---

저는 항상 올 A 받는 것을 꿈꿔 왔어요.

## I've always dreamed of getting straight A's.

저는 항상 꿈꿔 왔어요　　　　　　　연속 A 받기를

**PLUS** 성적증명서는 transcript라고 해요. 편입할 때 필요한 대학 성적증명서는 college transcript라고 합니다.

---

좋은 성적으로 당당하게 통과했어요.

## I passed with flying colors.

저는 통과했어요　　깃발을 날리면서

\* pass with flying colors는 숙어로 '매우 좋은 성적으로 당당하게 통과하다, 합격하다'라는 뜻이에요. 전쟁터에서 이긴 쪽이 깃발을 휘날리며 당당하게 오는 것에서 유래되었다고 해요.

---

시험 만점 받았어요.

## I aced the test.

저는 만점 받았어요　　시험에서

\* 여기서 ace는 '최고가 되다, 만점을 받다'라는 뜻의 동사로 쓰였어요.

I aced the English test. 나는 영어 시험에서 만점을 받았다.

# NOTES 강의를 들으며 나만의 대답이나 궁금한 내용을 메모해 두세요.

# 나 ~은 취소했어 (06:14)

I dropped ~.
I dropped chemistry.
I dropped that class because it was so boring.
I shouldn't have dropped that class.
That class is worth 3 credits.
How many credits do you need to graduate?
I still need 20 credits to graduate.
I've completed a hundred credits.

---

### 나 ~은 취소했어. / 나 ~은 때려치웠어.

## I dropped ~.

나는 그만뒀어 ~을

* drop은 '그만두다, 중단하다'라는 뜻으로 수강 신청을 했지만 힘들거나 지루해서 그
만둘 때, 즉 등록하고 중간에 취소할 때 쓰는 말입니다.

---

### 나 화학/생물학은 때려치웠어.

## I dropped chemistry/biology.

나는 그만뒀어　　　화학/생물학을

---

### 나 너무 지루해서 그 수업은 취소했어.

## I dropped that class because it was so boring.

나는 그만뒀어　　　그 수업을　　　왜냐하면　　　그것이 너무 지루해서

---

### + 그 수업을 취소하지 말았어야 했어.

## I shouldn't have dropped that class.

나는 취소하지 말았어야 했어　　　　그 수업을

* shouldn't have 과거분사는 '~하지 말았어야 했다'라는 뜻으로 과거에 한 일에 대한 후회나 원망을 나타냅니다.

---

### A: 나 영화사는 취소했어.

## I dropped film history.

나는 그만뒀어　　　영화사를

B: 그 수업은 3학점이라 높아요.

**That class is worth 3 credits.**

그 수업은 　　　　3학점의 가치가 있어요　　　　　　　　　　　　credit 학점

---

그 수업을 그만두지 마세요!

**Don't drop that class!**

그만두지 마요 　　　　그 수업을

---

그 수업은 학점이 높아요.

**That class is worth a lot of credits.**

그 수업은 　　　　가치가 있어요 　　많은 학점의

---

3학점이라 세요.

**It's worth 3 credits.**

그것은 가치가 있어요 　3학점의

---

A: 졸업하려면 학점이 얼마나 필요해?

**How many credits do you need to graduate?**

얼마나 　　많은 　　　학점이 　　　　　너는 필요해? 　　졸업하는데

---

B: 졸업하기 위해서는 아직 20학점 필요해요.

**I still need 20 credits to graduate.**

저는 여전히 필요해요 　20학점이 　　　　　졸업하기 위해

---

학점 이수 다 했어요. 　　　　　　　　　저 100학점 이수했어요.

**I completed all my credits. / I've completed a hundred credits.**

complete 완료하다, 끝내다

저는 완성했어요 　　　모든 　제 　　학점을 　　　저는 완성했어요 　　　　100학점을

# 나 그 수업 F 받았어 (07:50)

> I flunked ~.
> I flunked math.
> I flunked AP chemistry.

---

### 나 그 수업 F 받았어.
## I got an F in that class.
나 받았어      F를      그 수업에서

---

### 나 그 수업 낙제했어. / 나 그 수업 F 받았어.
## I flunked that class.
나 낙제했어      그 수업

flunk 낙제하다, 시험에 떨어지다

---

### 수학 F 받았어.
## I flunked math.
나는 낙제했어      수학

I flunked geometry. 기하학 F 받았어.
I flunked calculus. 미적분학 F 받았어.
I flunked AP calculus. 나 미리 들었던 미적분학 F 받았어.
I flunked AP chemistry. 나 미리 들었던 화학 F 받았어.

* AP는 Advanced Placement의 약자로 대학과목선이수제도예요.

---

### A: 어떻게 PE를 F 받을 수 있어요?
## How can you flunk PE?
어떻게 당신은 ~할 수 있어요? 낙제      PE를

* PE는 Physical Education의 약자로 '체육'이란 뜻입니다.

---

### B: 이런 내 몸이라면 쉬워요.
## With a body like this, it's easy.
이런 몸으로      그건 쉬워요

I took ~ off from college.
I'm thinking about taking this semester off.
I'd like to take a few semesters off.
I plan to take next year off to (go) study abroad in Canada.
I took a leave of absence.
I'm thinking about going back to school.

---

～ 대학 휴학했어.

**I took ～ off from college.**

나는 ~ 휴학했어　　　대학을

take ~ off ~동안 쉬다

---

이번 학기 휴학할까 생각 중이야.

**I'm thinking about taking this semester off.**

나는　　생각 중이야　　이번 학기 휴학 하는 것에 대해서

---

+ 몇 학기 휴학하고 싶어.

**I'd like to take a few semesters off.**

나는　~하고 싶어　몇 학기 휴학

---

나 내년에 휴학하고 캐나다 가서 공부하려고 해.

**I plan to take next year off to (go) study abroad in Canada.**

나는 계획하고 있어　내년 휴학을　　　　캐나다 가서 공부하려고

---

나 휴학했어.

**I took a leave of absence.**

나는 휴학했어

\* take a leave of absence는 '휴학하다, 휴직하다'라는 의미로 take off보다는 격식을 갖춘 느낌이 들어요. 여기서 leave는 '떠나다'라는 동사가 아닌 '허락, 허가'라는 뜻의 명사로 쓰였어요.

대학교 때 휴학했었어.

# When I was in college, I took a leave of absence.

대학교 때                           나는 휴학했었어

---

나 복학할까 생각 중이야.

# I'm thinking about going back to school.

나는 생각 중이야       되돌아가는 것에 대해서       학교로

\* '복학하다'라는 뜻을 나타낼 때 어려운 단어를 쓰지 않고 go back to school이라고 표현하면 됩니다.

---

### 다니엘쌤의 원어민 영어 TIP

Canada는 Ca에 강세가 있어서 [캐나다]라고 발음이 되지만, Canadian 같은 경우는 na에 강세가 있어서 [커네이디언]처럼 발음됩니다. Ca에 강세가 없기 때문에 schwa 현상이 일어나서 [캐]라고 발음이 안 되고, [커]로 발음되는 거죠. 심지어 캐나다에서 살고 있는 분들 중에서도 [캐나다]라는 발음 때문에 Canadian도 [캐네이디언]이라고 발음하는 경우가 있는데, schwa 현상에 유의해서 발음을 해야 합니다.

세계 여러 국가명과 그 나라 사람을 나타내는 단어들에 대해서 발음과 강세를 정확히 모르고 쓰는 경우가 많고, 한국어 외래어 표기법(주로 영어가 아닌 현지어 발음과 비슷하게 표기되므로)과는 다르게 발음이 되는 경우도 많으니 실제로 영어 원어민들이 어떻게 발음하는지 잘 알아보고 그에 맞게 발음해야 합니다.

# NOTES 강의를 들으며 나만의 대답이나 궁금한 내용을 메모해 두세요.

# 나는 ～을 전공하고 있어 (10:26)

I'm majoring in ~.
I'm majoring in Chinese literature.
What is your major?
What did you major in?
Wow, that's a hard major!
I'm doing a double major in ~ and ~.

---

**나는 ～을 전공하고 있어.**
## I'm majoring in ～.

major in  ～을 전공하다

나는    전공하고 있어    ～을

---

**～을 전공했어.**
## I majored in ～.

나는 전공했어    ～을

---

**나는 중국 문학을 전공하고 있어.**
## I'm majoring in Chinese literature.

나는    전공하고 있어    중국 문학을

---

**전공이 뭐야?**
## What is your major?

무엇이야?    너의 전공이

---

**전공이 뭐였어요?**
## What did you major in?

무엇을    당신은 전공했어요?

전공이 뭐였어요?

# What was your major?

무엇이었어요?　　당신의 전공이

---

A: 나 고급 수학 전공이야.

# I'm majoring in advanced mathematics.

나는　전공하고 있어　고급 수학을

advanced 고급의, 상급의

---

B: 와, 그렇게 어려운 전공을. 정말 멋진데요.

# Wow, that's a hard major! I'm impressed.

와　　그것은 ~이에요　어려운 전공　　저는 감명받았어요

* hard 대신에 tough를 써도 같은 표현이 됩니다.

---

저는 ~과 ~을 복수 전공하고 있어요.

# I'm doing a double major in ~ and ~.

저는 하고 있어요　복수 전공을　　~과 ~을

* 복수 전공은 double major, 전공이 세 개인 경우는 triple major, 부전공은 minor라고 합니다.

---

저는 작곡과 클라리넷 연주를 전공했어요.

# I majored in composing and clarinet performance.

저는 전공했어요　작곡과 클라리넷 연주를

composing 작곡 | performance 연주

---

# NOTES 강의를 들으며 나만의 대답이나 궁금한 내용을 메모해 두세요.

When is the ~ due?
When is this report due?
I missed the due date.
When is our assignment due?
I've got tons of homework to do.
I've got a paper to write.

---

### ~ 기한이 언제까지야?
# When is the ~ due?

언제야?     ~ 기한이

due 기한이 된, 예정되어 있는

### 기한이 언제까지야?
# When is the due date? / What is the due date?

언제야?     기한이          언제야?     기한이

due date 만기일

### 이 리포트 기한이 언제까지야?
# When is this report due?

언제야?     이 리포트 기한이

When is this presentation due? 이 프레젠테이션 기한이 언제까지야?

### 마감 시간을 놓쳤어.
# I missed the due date.

나 놓쳤어     마감 시간을

\* due date 대신 deadline도 많이 쓰는 표현이에요.

우리 과제 기한이 언제까지야?

# When is our assignment due?

언제야?　　　　우리의 과제 기한이

assignment 과제, 임무

---

해야 할 숙제가 산더미처럼 쌓였어.

# I've got tons of homework to do.

나는 가지고 있어 다량의 숙제를　　　　　　해야 할

**AVOID** homeworks (X)

* tons of는 '다량의, 많은'이라는 뜻으로, 어떤 것이 산더미처럼 쌓여 있다고 할 때는 get tons of ~를 씁니다.

---

리포트(논문) 쓸 거 있어.

# I've got a paper to write.

나는 가지고 있어 리포트를　　　써야 할

* 대학의 과제라면 paper라고 하는 게 자연스러워요. report라고 하면 원어민은 고등학교 과제를 떠올립니다.

---

# NOTES 강의를 들으며 나만의 대답이나 궁금한 내용을 메모해 두세요.

He got in trouble for ~.
He got in trouble for cheating.
He got in trouble for talking during class.

---

그는 ~로 인해 곤경에 처했어. / 그는 ~ 때문에 혼났어.

## He got in trouble for ~.

그는   곤경에 처했어          ~로 인해

get in trouble for  ~로 인해 곤경에 처하다, ~ 때문에 혼나다

---

그는 커닝하다 걸려서 혼났어.

## He got in trouble for **cheating**.

그는   곤경에 처했어          커닝하다가

\* '부정행위를 하다'는 영어로 cheat예요. 우리가 흔히 쓰는 커닝 (cunning)은 일명 콩글리시인 셈이죠.

He got caught cheating. 그는 커닝하다 걸렸다.

---

그는 수업 시간에 떠들다가 혼났어.

## He got in trouble for **talking during class**.

그는   곤경에 처했어          떠들다가          수업 시간 동안

---

## NOTES 강의를 들으며 나만의 대답이나 궁금한 내용을 메모해 두세요.

---

# 나는 ~ 나왔어 (13:22)

I went to ~.
I went to Harvard.
Where did you go to college?
What school did you go to?
Where do you go to school?

---

### 나는 ~ 나왔어.
## I went to ~.

나는 다녔어    ~에

---

### 나는 하버드 나왔어.
## I went to Harvard.

나는 다녔어    하버드에

---

### 대학 어디 나왔어요?
## Where did you go to college?

어디 대학에    당신은 다녔어요?

**AVOID** Where did you attend college? (X) / Where did you graduate from? (X)
'학교에 다니다, 학교를 나오다'라고 말할 때 go라는 쉬운 단어로 표현해요. 굳이
attend(다니다)나 graduate(졸업하다)를 쓰지 않아도 됩니다.

---

### + 무슨 학교 나왔어요?
## What school did you go to?

무슨        학교에        당신은 다녔어요?

---

### 어느 학교 다녀요?
## Where do you go to school?

어디 학교에    당신은 다녀요?

학과명 중 입문이나 개론을 뜻하는 단어로 미국인들은 101[원오우원]이라는 표현을 씁니다. 물론 INTRODUCTION to Marketing(마케팅 입문)과 같이 INTRODUCTION이라고 해도 되지만, 101을 더 많이 쓰는 편이에요. 우리에게 잘 알려진 영화 '건축학개론'의 영어 제목이 'Architecture 101'인 것만 봐도 알 수 있죠. 일상 회화에서도 어떤 주제에 대해 기초, 기본을 배운다고 할 때 해당 주제 뒤에 101을 붙여 많이 씁니다. 예를 들어 남녀 관계에 대해 잘 모르는 친구에게 You really need to take Relationship 101.(너 진짜로 '관계학입문' 들어야겠다.)이라고 말하기도 해요.

## QUIZ 질문을 듣고 자기만의 모범 답안을 완성해 보세요.

Q: Where do you go?

A:

Q: What are you majoring in?

A:

Q: I'm going to take a leave of absence next semester.

A:

# ANSWER 마이클쌤과 다니엘쌤의 답안입니다

Q: Where do you go?

A1: I go to Yonsei.

A2: I'm majoring in English Lit. at SNU.

A3: I'm actually on a leave of absence.

A4: I actually just graduated.

Q: 학교 어디 다녀?   A1: 나 연세대 다녀.   A2: 나 서울대에서 영문학 전공해.   A3: 나 사실 휴학 중이야.   A4: 사실 나 얼마 전에 졸업했어.

Q: What are you majoring in?

A1: I'm majoring in chemistry.

A2: I'm majoring in chemistry with a minor in biology.

A3: My major is architecture.

A4: I'm doing a double major in chemistry and biology.

Q: 넌 전공이 뭐야?   A1: 나는 화학을 전공하고 있어.   A2: 나는 화학 전공에 생물학 부전공하고 있어.   A3: 내 전공은 건축학이야.   A4: 나는 화학과 생물학을 복수 전공하고 있어.

Q: I'm going to take a leave of absence next semester.

A1: Oh, really? What are you going to do?

A2: Yeah, that's what I heard. I hope you have a good time!

A3: Actually, that's what I'm planning on doing.

A4: Are you sure that's a good idea?

Q: 나 다음 학기에 휴학할 거야.   A1: 아, 진짜? 너 뭐 할 거야?   A2: 그래, 나도 그렇게 들었어. 좋은 시간 보내길 바랄게.
A3: 사실은 나도 그러려고 하는데.   A4: 그게 확실히 좋은 생각인 것 같아?

# 원어민처럼 말하기
## 기초 영어 회화 ⑩편

Ten in Ten! 2편
술자리 표현

## 술자리 At the Bar

오늘은 취중진담의 자리를 마련해 볼까요, 그것도 영어로!
술만큼 사람들의 속마음을 터놓게 하는 것도 없을 거예요.
속상한 일도 술술~ 자랑질도 술술~ 애태우던 사랑 고백도 술술~
외국인 친구와도 술술~ 언젠가는 함께 술자리를 나눠 봐야 할 텐데요.
그때서야 나 술이 약해, 딱 한 잔만 더, 2차 가자… 이런 말 못 했다고 후회하지 않도록 열심히 연습해 보자구요!

# 원어민처럼 말하기

# 기초 영어 회화

# + INTRODUCTION 도입 (00:00~02:13)

**My allergies are acting up because the flowers are in bloom.** 꽃들이 만발해서 내 알레르기가 말썽이네요.

---

**cherry blossoms** 벚꽃

**act up** 제멋대로 굴다

**in (full) bloom** 꽃이 활짝 핀, 만발한

**lost** 잃다

**The cherry blossoms are in full bloom.** 벚꽃이 만발하다.

**My allergies are acting up.** 내 알레르기가 말썽이네요.

**The roses are in bloom all over the park.** 공원에 장미가 온통 만발해 있다.

**I lost my voice.** 목소리가 안 나와요.    * My voice is gone.도 같은 표현이에요.

---

**be 동사 + drunk** 취하다

**I'm drunk.** 나는 취했다.

**You were so drunk last night.** 너는 어젯밤에 많이 취했다.

---

**drunken + 명사** 술 취한 + 명사

**Drunken Tiger** 드렁큰 타이거(가수)

**Drunken sailor** 술 취한 선원

---

**drink** 술을 마시다
(drink-drank-drunk)

**I drank too much last night.** 나는 어젯밤에 술을 너무 많이 마셨다.

---

## 다니엘쌤의 원어민 영어 TIP

be 동사 뒤에 drunk가 오는 것을 문법 용어로 형용사의 서술적 용법이라고 하고, 명사 앞에 drunken을 쓰는 것을 한정적 용법이라고 합니다. 용어는 중요하지 않지만, 어느 상황에서 어떻게 쓰이는지는 정확히 알아야 해요. 예를 들어 alive와 live는 둘 다 '살아 있는'이라는 뜻이지만 각각 용법은 달라요. live fish(살아 있는 물고기)라는 표현은 가능하지만, alive fish는 쓸 수 없죠. 하지만 That fish is alive.(저 물고기는 살아 있어.)라고는 표현할 수 있어요. 또 다른 예로 sleeping과 asleep을 보면, sleeping child(잠 자는 아이)는 가능하지만 asleep child라고는 할 수 없어요. That child is sleeping.(저 아이는 자고 있어.)과 That child is asleep.(저 아이는 잠든 상태야.)은 뉘앙스 차이는 있지만 둘 다 쓸 수 있습니다. 대부분의 형용사는 be 동사 뒤나 명사 앞에 쓰일 때 똑같은 형태로 오지만 이렇게 개별적인 형태를 보이는 것들도 있어요.

# 한번 ~해 보자 (02:14)

Let's get ~.
I wanna get ~.
Let's get drunk.
Let's get buzzed.
Let's get smashed.
Let's get wasted.
Let's get hammered.
He got sh*t-faced.
I don't feel like getting hammered tonight. Let's just have a couple beers and head home.
Let's steer clear of the hard liquor tonight. I'm not in the mood to get smashed.

---

**한번 ~해 보자. / 한번 ~하자.**

## Let's get ~.

~하자

* get의 기본적인 뜻은 '받다, 얻다'이지만, 뒤에 형용사가 올 때는 '~한 상태가 되다, ~하게 되다'라는 의미가 됩니다.

He got fat. 그는 살쪘다.

---

**~하고 싶어.**

## I wanna get ~.

나는 ~하고 싶어

오늘 밤은 취해 보자.

**Let's get drunk tonight.**

취해 보자          오늘 밤에

Let's get drunk. 한번 취해 보자.
Let's get buzzed. 한번 알딸딸하게 취해 보자.
Let's get smashed. 한번 완전히 취해 보자.
Let's get wasted. 한번 죽도록 취해 보자.
Let's get hammered. 한번 고주망태가 돼 보자.

---

나 오늘 밤은 조금만 취하고 싶어.

**I just wanna get a little buzzed tonight.**

나는 단지 조금만 취하고 싶어        오늘 밤에

\* buzzed는 살짝 취해 알딸딸한 상태를 나타내는 말로, tipsy와 같은 뜻으로 쓰여요.

---

+ 조금 취한 것 같아. / 취기가 좀 도네.

**I'm feeling a little buzzed.**

나는 느껴      약간 알딸딸하게

---

오늘 밤은 많이 취하고 싶지 않아.

**I don't wanna get smashed tonight.**

나는 원하지 않아      고주망태가 되는 것을      오늘 밤에

smash 박살 나다, 고주망태가 되다

---

한번 죽도록 취해 보자!

**Let's get wasted tonight!**

맛이 갈 때까지 취해 보자      오늘 밤에

---

오늘 밤 한번 고주망태가 돼 보자!

**Let's get hammered tonight!**

고주망태가 되도록 취해 보자      오늘 밤에

hammer 망치 | hammered 고주망태가 된

---

그 사람 완전히 맛이 갔네.

**He got sh\*t-faced.**

그 사람 똥얼굴이 되었네

(\* 표시에는 i가 들어갑니다. 비속어라 \* 표시로 대체합니다.)

---

저 사람 완전히 맛이 갔네.

**That guy looks totally sh\*t-faced.**

저 사람 ~ 보여      완전히 똥얼굴이 된 것 같이

너 어젯밤에 완전 맛이 갔었어.

## You got sh*t-faced last night.

너 똥얼굴이었어 　　　　　　　 어젯밤에

---

오늘 밤은 너무 취하고 싶지는 않아.

## I don't feel like getting hammered tonight.

나는 ~ 싶지 않아 　　　　 취하고 　　　　　　 오늘 밤에

---

그냥 맥주 한 잔만 마시고 집에 가자.

## Let's just have a couple beers and head home.

단지 맥주 한 잔만 마시자 　　　　　　　　 그리고 　가자 　집에

\* '맥주 한두 잔'을 말할 때는 a couple of beers라고 하는데 회화에서는 of를 빼고 말하기도 해요.

head 가다, 향하다

---

+ 오늘 밤은 강한 술은 피하자.

## Let's steer clear of the hard liquor tonight.

멀리하자 　　　　　　　 센 술은 　　　　　 오늘 밤에

steer clear of~ 가까이 하지 않다, 멀리하다, 피하다
liquor 독한 술, 독주

---

+ 나 많이 취할 기분이 아니야.

## I'm not in the mood to get smashed.

나는 ~ 기분이 아니야 　　　　　 많이 취할

not in the mood 그럴 기분이 아니다

**가장 좋아하는 ~가 뭐예요?** (04:26)

What's your favorite ~?
Beer/craft beer/cocktail/microbrew
What's your drink?
What's your favorite place to drink?
Where's your favorite spot to get drunk?

---

가장 좋아하는 ~가 뭐예요?
# What's your favorite ~?

뭐예요?　　　당신이 가장 좋아하는 ~가

What's your favorite beer? 가장 좋아하는 맥주가 뭐야?　　　What's your favorite craft beer? 가장 좋아하는 수제 맥주가 뭐야?
What's your favorite cocktail? 가장 좋아하는 칵테일이 뭐야?

---

A: 가장 좋아하는 수제 맥주가 뭐예요?
# What's your favorite microbrew?

뭐예요?　　　당신이　　　가장 좋아하는　　　수제 맥주가

\* 수제 맥주는 craft beer(크래프트 맥주)라고 하는데요, 미국에서는 소규모로 양조하는 맥주라는 뜻으로 microbrew라고도 합니다.

---

B: 갈매기 브루잉이에요. 제가 가장 좋아하는 수제 맥줏집이죠.
# Galmegi Brewing Company.  It's my favorite spot for microbrews.

spot 곳, 장소

갈매기 브루잉 컴퍼니　　　　　　그곳이 제가 가장 좋아하는 곳이에요　　　수제 맥줏집으로

---

## 다니엘쌤의 원어민 영어 TIP

어휘 실력을 쌓으려면 어근(root)을 공부해 두면 도움이 됩니다. 예문에 나온 microbrew(수제 맥주)는 micro(작은, 소규모의)라는 어근으로 이루어진 단어예요. 이처럼 micro가 어근으로 쓰인 단어들을 살펴보면, microscope(현미경), micro-organism(미생물), microchip(마이크로칩), micro-economics(미시경제학), micro-manager(아주 세세한 점까지 관리하는 매니저) 등이 있어요. 주로 한자어로 된 단어가 많죠. 따라서 수준 높은 영어 실력을 위해서라면 어근을 통한 어휘 학습이 필수입니다.

A: 잘 마시는 술이 뭐예요?

## What's your drink?

뭐예요?　　　당신이 마시는 술이

---

B: 제가 잘 마시는 술은 잭콕이에요.

## My drink is a Jack and Coke.

제가 마시는 술은　　　잭콕이에요

My drink is a gin & tonic. 제가 잘 마시는 술은 진토닉이에요.
My drink is a whiskey on the rocks. 제가 잘 마시는 술은 얼음을 넣은 위스키예요.

Jack and Coke 잭 다니엘에 콜라를 섞어 만든 칵테일
gin & tonic 진에 토닉 워터를 섞어 만든 칵테일

---

+ 가장 마시기 좋아하는 장소는 어디예요?

## What's your favorite place to drink?

뭐예요?　　　당신이　　가장 좋아하는　　장소가　　마시기에

---

+ 가장 마시기 좋아하는 곳은 어디예요?

## Where's your favorite spot to get drunk?

어디예요?　　　당신이　　가장 좋아하는　　장소가　　취하기에

---

### 다니엘쌤의 원어민 영어 TIP

favorite는 대부분의 사람들이 알고 있는 쉬운 단어이지만, 그 앞에 least가 붙은 least favorite의 경우는 생소해 하거나 알고 있어도 활용하지 못하는 경우가 많은데요. 이 말은 직역하면 '가장 덜 좋아하는'이지만, 실제로 활용할 때는 그보다 더 강한 의미인 거의 '가장 싫어하는' 정도가 됩니다. 예를 들어 아이스크림을 고를 때, Strawberry is my least favorite flavor.(딸기 맛은 내가 가장 안 좋아하는 거야.)이라고 표현할 수 있어요.

## 얼마나 많이 마셔요? (05:56)

---

What's your limit?
How much can you drink?
How many ~ does it take to get you drunk?
How many beers does it take to get you buzzed?
He's a lightweight.
He's a heavyweight.

---

### 주량이 어떻게 돼요?
## What's your limit?
뭐예요?　　　당신의 한계가

> * limit는 '한계, 한도, 제한, 허용치' 등으로 뜻이 많아서 실제 술집에서 술을 마시고 있을 때 limit를 써서 질문하면 주량을 묻는지 바로 알아듣지만, 다른 상황에서 What's your limit?라고 하면 무슨 질문을 하는지 바로 알아들을 수 없습니다. 주량을 물을 때 자주 쓰는 표현은 다음에 나오는 How much can you drink?입니다.

---

### 얼마나 많이 마셔요?
## How much can you drink?
얼마나 많이　　　당신은 마실 수 있어요?

---

### A: 소주 몇 병 마실 수 있어요?
## How many bottles of soju does it take to get you drunk?
얼마나 많은 소주가　　　　　당신을 취하게 하는 데 필요하나요?

---

### B: 두세 병쯤이요.
## Two or three bottles of soju.
두 병이나 세 병의 소주

---

### 소주 세 병은 마시게 해야 그를 취하게 할 수 있어요.
## It takes about three bottles of soju to get him wasted.
소주 세 병쯤이 들어요　　　　　　그를 취하게 하는 데

+ 맥주를 얼마나 마시면 알딸딸해져요?

## How many **beers** does it take to get you buzzed?

얼마나 　많은 맥주가 　　　　당신을 알딸딸하게 하는 데 필요하나요?

---

그는 술이 약해요.

## He's a lightweight.

그는 　경량급이에요

＊ 권투에서 체급을 경량급, 중량급, 헤비급 등으로 나누듯이 술이 세고 약한 것을 급에 비유한 표현이에요.

---

그는 술이 세요.

## He's a heavyweight.

그는 　헤비급이에요

# NOTES 강의를 들으며 나만의 대답이나 궁금한 내용을 메모해 두세요.

# 얼마나 마신 거야? (07:24)

How much have you had to drink?
I'm still hungover from last night.
I have a terrible hangover from last night.
Do you know any good hangover cures?

---

### 얼마나 마신 거야?
## How much have you had to drink?
얼마나      많이        마셔 온 거야?

---

### 어젯밤에 마신 게 아직 숙취가 남아 있어.
## I'm **still hungover** from last night.
나는 여전히 숙취 상태야          어젯밤 마신 술로 인해

hungover 숙취에 시달리는

---

### 어젯밤에 마신 게 숙취가 심해.
## I have a **terrible** hangover **from last night.**
나는 가지고 있어  심한 숙취를          어젯밤 마신 술로 인해

hangover 숙취

---

### 요즘은 숙취가 적어도 이삼일은 가네.
## **Nowadays,** it seems like my hangovers last **two or three days.**
요즘은              ~ 것 같아          숙취가 이삼일은 가는

---

### 숙취가 있어.
## I have a hangover. / I'm hungover.
나는 가지고 있어   숙취를        나는 상태야   숙취인

\* '숙취가 있다'라고 표현할 때는 명사 hangover와 형용사 hungover를
모두 쓸 수 있습니다.

---

### + 좋은 숙취해소법 아는 거 있어?
## **Do you know any good** hangover cures?
너는 알고 있어?          좋은 숙취해소법을

cure 치유법

I'm a(n) ~ drinker.
Good/bad
Fast/slow
Social/occasional
Light/heavy
He's a binge drinker.
I'm not a beer drinker, but I do enjoy a glass of wine from time to time.

---

**저는 술을 ~ 마셔요.**

# I'm a ~ drinker.

저는 ~ 마시는 사람이에요

---

**저는 술을 잘 마셔요. / 저는 주사가 없어요.**

# I'm a **good** drinker.

저는 ~이에요 좋게 술 마시는 사람

\* 특별히 주사 같은 것 없이 술을 잘 마신다는 말이에요.

---

**저는 술을 잘 못 마셔요. / 저는 주사가 좀 있어요.**

# I'm a **bad** drinker.

저는 ~이에요 나쁘게 술 마시는 사람

\* 주량이 약해서 술을 잘 못 마시거나, 주사가 있을 때 쓰는 표현이에요.

---

**그는 주사가 있어요. 그는 항상 술 마실 때 문제를 많이 일으켜요.**

# He is a **bad** drinker. He always causes a lot of trouble when he gets drunk.

cause 야기하다, 초래하다

그는 ~이에요   나쁘게 술 마시는 사람    그는 항상 일으켜요        많은 문제를          술을 마실 때

---

**저는 술을 빨리 마셔요.**

# I'm a **fast** drinker.

저는 ~이에요 빠르게 술 마시는 사람

저는 술을 천천히 마셔요.

**I'm a slow drinker.**

저는 ~이에요 천천히 술 마시는 사람

---

저는 술을 사교적인 목적으로 마셔요.

**I'm a social drinker.**

저는 ~이에요 사회적으로 술 마시는 사람

---

저는 술을 가끔 마셔요.

**I'm an occasional drinker.**

저는 ~ 이에요 가끔 술 마시는 사람

\* 술을 마시는 횟수가 많지 않고 가끔씩 마신다는 뜻이에요.

occasional 가끔의

---

+ 저는 술이 약해요. / 저는 술을 적게 마셔요.

**I'm a light drinker.**

저는 ~이에요 가볍게 마시는 사람

---

저는 술을 많이 마셔요.

**I'm a heavy drinker.**

저는 ~이에요 많이 마시는 사람

---

그는 폭음하는 사람이에요.

**He's a binge drinker.**

그는 ~이에요 폭음하며 마시는 사람

binge 폭음하기, 폭음하다

---

저는 맥주는 안 마시는데, 가끔 와인 한 잔씩은 즐겨요.

**I'm not a beer drinker, but I do enjoy a glass of wine from time to time.**

저는 ~ 아니에요 맥주를 마시는 사람이　　　하지만 저는 즐겨요　　　한 잔의 와인을　　　때때로

from time to time 때때로

# 가볍게 맥주 한잔할래? (09:58)

Wanna grab a beer?
Wanna grab a beer after work?
Wanna keep this party going?

---

### 가볍게 맥주 한잔할래?

## (Do you) Wanna grab a beer?

당신은 원해요?　　　　　맥주 한잔하기를

* grab은 '가볍게 ~하다'라는 뜻이에요.
  Do you wanna grab a bite? 가볍게 뭐 먹을래?

---

### 녹음 끝내고 가볍게 뭐 먹을래?

## (Do you) Wanna grab a bite to eat after we finish recording?

당신은 원해요?　　　　가볍게 뭔가 먹기를　　　　녹음 끝난 후에

---

### 나중에 맥주 한잔할래?

## Wanna grab a beer later?

원해?　　　맥주 한잔하기를　　　나중에

---

### 일 끝나고 가볍게 맥주 한잔할래?

## (Do you) Wanna grab a beer after work?

당신은 원해요?　　　　맥주 한잔하기를　　　일 끝나고

---

### + 이 파티가 계속되길 원해요?

## (Do you) Wanna keep this party going?

당신은 원해요?　　　　이 파티가 유지되기를

* 술자리를 끝내지 않고 계속 마시기를 원하는지 물어보는 표현이에요.

# 우리 밖에서 ~하고 있어 (10:36)

We're out ~ing.
We're out drinking.
We're out clubbing.
We're out bar hopping.
We're out partying.

When was the last time you went out drinking?
I only drink on special occasions.

---

우리 밖에서 ~하고 있어.

## We're out ~ing.

우리 나와 있어      ~하러

---

우리 밖에서 마시는 중이야.

## We're out **drink**ing.

우리 나와 있어      마시러

---

우리 여기저기 클럽에서 놀고 있어.

## We're out **clubb**ing.

우리 나와 있어      클럽에 가러

---

우리는 여러 술집을 돌아다니며 마시는 중이야.

## We're out **bar hopp**ing.

우리 나와 있어      술집 돌아다니러

* hop는 '여기저기 여러 곳을 다니다'라는 뜻으로, bar hopping이라고 하면 '여러 술집을 돌아다니며 마시다'라는 뜻이에요. bar crawl, pub crawl이라고도 표현합니다.

우리 밖에서 놀고 있어.

## We're out partying.

우리 나와 있어      놀러

* 꼭 파티를 하고 있다는 뜻이 아니라, 그냥 밖에서 술 마시고 놀고 있다는 뜻이에요. 만일 파티에 와 있다고 말하려면 We're at a party.라고 하면 됩니다.

나 나와서 대니랑 술 마시고 있어.

## I'm out drinking with Danny.

나는 나와 있어      술 마시러      대니랑

+ 너 마지막으로 술 마시러 갔던 게 언제였지?

## When was the last time you went out drinking?

언제였어?      마지막이      네가 술 마시러 나갔던

+ 나는 특별한 때만 술을 마셔.

## I only drink on special occasions.

occasion 때, 경우

나는 오직 술을 마셔      특별한 경우에

# NOTES 강의를 들으며 나만의 대답이나 궁금한 내용을 메모해 두세요.

# 나 ~되기 싫어 (11:24)

I don't want to (get) ~.
Too drunk
Too tipsy
Black out
Pass out
Make a fool of myself

---

## 나 ~되기 싫어.
## I don't want to get ~.
나는 원하지 않아　　　　~되는 것을

---

## 나 오늘 밤엔 너무 취하기 싫어.
## I don't want to get **too drunk tonight.**
나는 원하지 않아　　　너무 취하게 되는 것을　　　오늘 밤에

---

## 나 너무 취하기 싫어.
## I don't want to get **too tipsy.**
나는 원하지 않아　　　너무 취하는 것을

tipsy 술이 약간 취한

---

## 나 다시 필름 끊기기 싫어.
## I don't want to **black out again.**
나는 원하지 않아　　　필름 끊기는 것을　　　다시

I don't want to black out like I did last time. 지난번처럼 필름 끊기기 싫어.

---

## 나 술 먹고 뻗기 싫어.
## I don't want to **pass out.**
나는 원하지 않아　　　의식을 잃게 되는 것을

pass out 의식을 잃다

네가 지난번처럼 술 먹고 뻗지 않기를 바라.

## I don't want you to pass out like you did last time.

나는 원하지 않아 네가 의식을 잃게 되는 것을 네가 했던 것처럼 지난번에

---

네가 말썽 일으키는 걸 원하지 않아.

## I don't want you to cause trouble.

나는 원하지 않아 네가 말썽 일으키는 것을

---

나 다시 필름이 끊겨서 웃음거리가 되기 싫어.

## I don't want to make a fool of myself and black out again.

make a fool of myself 웃음거리가 되다

나는 원하지 않아 내 자신을 바보로 만드는 것을 그리고 필름이 끊기기를 다시

---

네가 웃음거리가 되는 걸 원치 않아.

## I don't want you to make a fool of yourself.

나는 원하지 않아 네가 너 자신을 바보로 만드는 것을

# NOTES 강의를 들으며 나만의 대답이나 궁금한 내용을 메모해 두세요.

# 이번 거는 ~가 (낼게) (12:47)

---

This round is on ~.
Next round is on me.
John got paid today, so next round is on him.
You got the last round, so this round is on me.

---

**이번 거는 ~가 (낼게).**

## This round is on ~.

이번 라운드는          ~가 낼게

round 라운드, 회

---

**1차, 2차, 3차 / 이번, 다음, 그 다음 / 이번 판, 다음 판, 그 다음 판**

## first round / second round / third round

첫 번째 회          두 번째 회          세 번째 회

* round라는 뜻이 1차, 2차…와 같이 술 마시는 장소를 옮겨 간다는 의미일 수도 있지만, 원어민들은 같은 장소에서 이번 주문, 다음 주문… 또는 이번 판, 다음 판… 등과 같은 뉘앙스로 쓰고 있어요.

---

**다음으로 넘어갈 준비됐어?**

## (Are you) Ready for another round?

너는 준비됐어?          다음 라운드로 넘어갈

* 한 잔을 다 마시고 다음 잔을 주문할 때 쓰는 표현이에요.

---

**이번 거는 내가 낼게.**

## This round is on me.

이번 라운드는          내가 맡을게

---

**이번 거는 내가 낼게.**

## This round is my treat.

이번 라운드는          내가 낼게

treat 대접, 한턱

---

이번 거는 네가 내.

**This round is on you.**

이번 라운드는　　　　　　　네가 내

---

다음 거는 내가 낼게.

**Next round is on me.**

다음 라운드는　　　　　　　내가 낼게

---

+ 오늘은 내가 낼게.

**Today is on me.**

오늘은　　　　　내가 다 낼게

---

오늘은 대니 월급날이니까 이번 건 그가 살 거야.

**Today was Danny's payday, so this round is on him.**　　　　　　　payday 월급날

오늘은 대니의 월급날이었어　　　　　　　그래서 이번 라운드는　　　　그가 낼 거야

---

이건 서비스야.

**This one is on the house.**　　　　　* 여기서 house는 '집'이 아니라 '가게'라는 뜻입니다.

이것은　　　　　가게가 책임져

---

+ 존이 오늘 냈으니까 다음 번에는 그가 내겠지.

**John got paid today, so next round is on him.**

존이 지불했어　　　　오늘　　　그래서 다음 번에는　　　　그가 낼 거야

---

+ 네가 저번에 냈으니까 이번에는 내가 낼게.

**You got the last round, so this round is on me.**

네가 냈어　　　지난번에　　　　그래서 이번에는　　　　내가 낼게

I drank him under the table.

---

내가 술로 그 사람을 이겼어.
## I drank him under the table.
나는 그를 술로 만취하게 했어

* under the table은 술이 너무 취해 테이블 밑으로 들어간 것, 즉 만취한 것을 비유적으로 나타낸 표현이에요.

## + 기타 표현 (15:03)

---

**black out** 필름이 끊기다

**I blacked out.** 나는 필름이 끊겼다.

**He blacked out.** 그는 필름이 끊겼다.

---

**can't hold one's liquor/drink** 술을 감당하지 못하다

**He can't hold his liquor.** 그는 술을 못 마셔.

**She can't really hold her drink.** 그녀는 정말 술이 약해.

* 여기서 drink를 쓰면 좀 옛날식 표현으로, 웃기려는 의도로 쓰였어요.

---

**mean** 비열한, 잔인한, 못된

**He's a mean drunk.** 그는 주사가 있다.

## QUIZ 질문을 듣고 자기만의 모범 답안을 완성해 보세요.

Q: I just got my paycheck! Let's get wasted!

A:

Q: How much can you drink?

A:

Q: I think I drank too much last night.

A:

# ANSWER 마이클쌤과 다니엘쌤의 답안입니다.

---

Q: I just got my paycheck! Let's get wasted!

A1: I'm not really in the mood. Can I get a raincheck?

A2: Sounds great! Where should we meet?

A3: I'm down. Have any particular bar in mind?

paycheck 월급 | get a raincheck 다음으로 미루다 | particular 특정한

Q: 나 방금 월급 받았어! 마시고 죽자!　A1: 나 마실 기분이 아니야. 다음에 할 수 있을까?　A2: 아주 좋아! 어디서 만날까?　A3: 찬성이야. 어디 가고 싶은 술집 생각해 놓은 데 있어?

---

Q: How much can you drink?

A1: I'm not much of a drinker.

A2: I'm kind of a lightweight. How about you?

A3: It takes a lot to get me drunk.

A4: Well, I'm sure I could drink you under the table.

not much of 대단한 ~이 아닌

Q: 주량이 어떻게 되세요?　A1: 저는 술을 많이 마시는 편이 아니에요.　A2: 저 좀 약한 편인데요. 당신은 어떠세요?
A3: 저를 취하게 하려면 좀 많이 마셔야 해요.　A4: 글쎄요. 당신을 술로 이길 수 있을 거라고 확신해요.

---

Q: I think I drank too much last night.

A1: Why? Did you black out?

A2: Oh, really? Are you hungover?

A3: Me too. What's a good cure for a hangover?

A4: Oh, yeah? How much did you have?

Q: 나 어젯밤에 너무 많이 마신 것 같아.　A1: 왜? 필름 끊겼어?　A2: 아, 진짜? 숙취 있어?　A3: 나도. 해장하는 데 뭐가 좋지?　A4: 아, 그래? 얼마나 마셨어?

# 원어민처럼 말하기
## 기초 영어 회화 ⑪편

## 회사 생활 Talking About Work Life

직장인들을 대상으로 조사한 결과에 따르면, 직장인들이 회사 생활 중 겪는 최고의 공포는 '어김없이 돌아오는 출근'이 1위였다고 해요. 힘들다, 힘들다 하는데 일이 힘든 게 아니라 사람이 힘들다고 입을 모아 얘기하기도 합니다. 직장인들의 애환을 그린 책, 노래, 드라마 등은 늘 꾸준한 인기를 차지하고 있고요. 그런데 미국에서는 퇴근 시간이 지나서 회사에 남아 있으면 얼른 집에 가라고, 칼퇴를 마구마구 권한다는데… (부럽부럽~) 더 이상 무슨 말이 필요하겠어요. If you can't avoid it, enjoy it!(피할 수 없으면 즐겨라!)입니다!!

원어민처럼 말하기

기초 영어 회화

---

**corporate life/work life** 회사 생활

### How's corporate life treating you?
회사 생활 어때?

* '회사 생활'이라고 말할 때 company life로 해도 되지만 원어민들은 corporate life나 work life를 더 많이 씁니다.

---

**work friend** 직장 동료

### I'm out drinking with some work friends.
나 밖에서 직장 동료들이랑 술 마시고 있어.

---

**work stress** 직장 스트레스

### Work stress has really been getting to me lately.
요새 직장 스트레스가 정말 나에게 영향을 주고 있어.

# 나는 다섯 시에 끝나 (02:06)

What time do you get off work?
I usually get off around five.
I get off work at ~ p.m.
I get off work at ~ o'clock.
What time do you start work/working?
What time does your work day start?
I'm working 9 to 5.

---

### 몇 시에 끝나?

## What time do you get off work?

몇 시에          너는 일이 끝나?

* 퇴근 시간을 물어볼 때 What time do you finish work?라고 하는 경우가 많은데, finish보다는 예문처럼 get off를 쓰는 게 더 원어민에 가까운 표현입니다.

---

### 언제 퇴근해?

## What time do you get off from work?

몇 시에          너는 일이 끝나니?

* from 대신 of를 써도 됩니다. 하지만 앞서 배운 표현과 같이 get off와 work 사이에 from이나 of를 안 넣는 것이 가장 맞는 표현입니다.

보통 다섯 시쯤 퇴근해.

## I usually get off around five.

나는 보통 끝나 　　　　　　 다섯 시쯤

---

나는 오후 ~시에 끝나. / 나는 오후 ~시에 퇴근해.

## I get off work at ~ p.m.

나는 일이 끝나 　　　　　　 오후 ~시에

---

나는 정각 ~시에 끝나. / 나는 정각 ~시에 퇴근해.

## I get off work at ~ o'clock.

나는 일이 끝나 　　　　　　 정각 ~시에

---

### 다니엘쌤의 원어민 영어 TIP

get off는 '(일을 마치고 직장에서) 퇴근하다'라는 뜻으로, 간단한 표현인데 의외로 많은 사람들이 모르거나 잘못 쓰는 경우가 많습니다. 예를 들어 I get off work at 6 p.m.(나는 오후 6시에 퇴근해.)이라는 표현에서 get off work ~를 get off at work ~와 같이 at를 넣어 틀리게 쓰는 경우가 있어요. get off at ~이라고 하면 What station do we get off at?(우리 어느 역에서 내려?)와 같이 '(타고 있던 것에서) 내리다'라는 뜻이 됩니다. 다만 get off of/from work ~와 같이 of/from은 넣어도 괜찮습니다. 하지만 of나 from을 넣지 않는 것이 더 자연스럽습니다.

---

A: 일 몇 시에 시작하니?

## What time do you start work/working?

몇 시에 　　　　　　 너는 일을 시작하니?

＊ What time do you go to work?라고도 할 수 있어요.

---

B: 아침 여덟 시에 시작해.

## I start at 8 a.m.

나는 시작해 　아침 여덟 시에

---

A: 너의 업무 일과는 몇 시에 시작하니?

## What time does your work day start?

몇 시에 　　　　　　 너의 업무 일과가 시작하니?

B: 나는 아홉 시부터 다섯 시까지 일해.

# I'm working 9 to 5.

나는 일해　　　이홉 시부터 다섯 시까지

* My work day is from 9 to 5.도 같은 표현입니다.

---

### 다니엘쌤의 원어민 영어 TIP

강의에서 마이클쌤은 미국 사람들이 일찍 출근하는 것 같다고 했는데, 미국도 우리처럼 출퇴근 시간 교통 체증(traffic jam/traffic congestion)이 심하다 보니 혼잡한 시간을 피하려고 사람들이 일찍 출근하게 되는 거죠. 이런 혼잡한 교통 체증을 피하는 것을 영어로는 beat the traffic이라고 해요. 따라서 직장에서 길이 막혀 지각을 한다거나 출근 시간이 너무 오래 걸리는 게 싫다면 다음과 같이 표현하겠죠.

I try to come in early to beat the rush hour traffic. 나는 출근길 교통 체증을 피하기 위해 일찍 나오려고 노력해.

# NOTES 강의를 들으며 나만의 대답이나 궁금한 내용을 메모해 두세요.

---

How do you get along with ~?
How do you get along with your/the boss?
How do you get along with your coworkers?
How do you get along with your supervisor?
How do you get along with the other teachers?
I don't get along with ~.
We don't get along.
I don't get along with my coworkers.
I don't really get along with my supervisor. He always gives me a hard time.

I'm under a lot of stress.
I'm really stressed out.
I'm not a very sociable person. / I'm a little antisocial.
I'm hanging out with some work friends.

---

### ~랑은 잘 지내?

# How do you get along with ~?

어떻게 너는 지내니?　　　　　　　~랑

---

### 상사랑은 잘 지내?

# How do you get along with **your/the boss?**

어떻게 너는 지내니?　　　　　　　너의 상사랑

---

### 너네 직장 동료들이랑은 잘 지내?

# How do you get along with **your coworkers?**

어떻게 너는 지내니?　　　　　　　너의 직장 동료들과

\* coworker와 colleague는 둘 다 '동료'를 뜻하는 말이지만, colleague는 옛날식이고 공식적인 말이며 중요한 사이라는 뉘앙스를 가지고 있어요. 요즘 미국인들은 coworker를 더 많이 씁니다. (colleague[kɑːliːg]의 발음에도 주의하세요.)

**+ 너네 직속 상사랑은 잘 지내?**

# How do you get along with your supervisor?

어떻게 니는 지내니?　　　　　　너의 직속 싱사팀

supervisor 관리자, 감독관

---

**다른 선생님들이랑은 잘 지내?**

# How do you get along with the other teachers?

어떻게 지내니?　　　　　　다른 선생님들과

---

**나는 ~랑 안 좋아. / 나는 ~랑 잘 못 지내.**

# I don't get along with ~.

나는 잘 어울리지 않아　　　~랑

---

**우리는 사이가 안 좋아.**

# We don't get along.

우리는 잘 어울리지 않아

---

**직장 동료들과 사이가 안 좋아.**

# I don't get along with my coworkers.

나는 잘 어울리지 않아　　　나의 동료들이랑

---

**직속 상사랑은 사이가 정말 안 좋아.**

# I don't really get along with my supervisor.

나는 정말로 잘 어울리지 않아　　　나의 직속 상사와

---

**그는 항상 날 힘들게 해.**

# He always gives me a hard time.

그는 항상 줘　　　나에게 고생을

hard time 고생, 어려움

---

**엄청 스트레스 받은 상태야.**

# I'm under a lot of stress.

나는 밑에 있어　　　많은 스트레스

* '스트레스를 받는다'라고 말할 때, He gives me stress.나 I'm receiving stress.라는 말보다는 I'm under a lot of stress. 또는 I'm stressed out.이라고 표현합니다.

나 정말 스트레스 받았어.

**I'm really stressed out.**

나는  정말  스트레스를 받았어

stressed out 스트레스를 받다

---

저는 그렇게 사교적인 사람이 아니에요.

**I'm not a very sociable person.**

저는 ~ 아니에요 정말 사교적인 사람이

* I'm not very sociable.이라고 할 수 있어요.

---

저는 좀 비사교적이에요.

**I'm a little antisocial.**

저는 ~이에요 약간  비사교적

* antisocial은 '반사회적인'이라는 뜻도 있지만, 예문과 같이 '비사교적인'이라는 의미로도 쓰여요.

---

직장 동료들과 잘 못 어울려.

**I don't really get along with my work friends.**

나는 정말로 잘 어울리지 않아  내 직장 동료들과

---

그 사람은 직장 동료야.

**He's a work friend.**

그는 ~야  직장 동료

---

나 직장 동료들 몇 명이랑 놀고 있어.

**I'm hanging out with some work friends.**

나는 놀고 있어  몇몇 직장 동료들과

---

나 직장 동료들 몇 명이랑 술 마시고 있어.

**I'm drinking with some work friends.**

나는 마시고 있어  몇몇 직장 동료들과

* 직장 동료를 말할 때 company friends라고 하면 어색하게 들리므로 work friends 또는 friends from work라고 표현하세요.

~ has seniority.
She has seniority.
She has seniority over me.
I have seniority over her.
He's allowed to choose his vacation days first because he has seniority.

---

~는 선배예요. / ~는 연장자예요. / ~는 경험이 풍부해요.

## ~ has seniority.

~는 윗사람이에요

seniority 손위, 연장자, 상급자

---

그녀는 제 선배예요.

## She has seniority.

그녀는 윗사람이에요

---

그녀는 제 선배예요.

## She has seniority over me.

그녀는 윗사람이에요           저보다

**AVOID** He's my junior. (X)
미국에서는 선배나 후배를 말할 때 senior, junior라고 하지 않습니다.

**PLUS** He is a senior (in college). 그는 대학교 4학년이에요.
She's five years my junior/my senior. 그녀는 나보다 5살 연하예요/5살 연상이에요.
예문에 나온 것처럼 미국에서 senior, junior는 고등학교나 대학교의 학년을 나타내거나 연상, 연하를 나타내는 말로만 쓰입니다.

---

누가 선배예요?

## Who has seniority?

누가 더 높은 서열을 가지고 있어요?

그녀는 이 분야에서 더 선배예요.

# She has seniority in this industry.

industry 산업, 분야

그녀는 더 높은 서열을 가졌어요　　　이 분야에서

---

그녀는 저보다 더 오랫동안 교육자로 활동했어요.

# She's been an educator for longer than I have.

educator 교육자

그녀는 교육자였어요　　　　　　저보다 더 오랫동안

---

+ 나는 그녀보다 선배야.

# I have seniority over her.

나는 더 높은 서열을 가지고 있어　　그녀보다

---

박 선생님은 저보다 선배예요.

# Miss Park has seniority over me.

박 선생님은 더 높은 서열을 가지고 있어요　　　나보다

**AVOID** I have juniority. (X)
juniority라는 단어가 있기는 하지만 '제가 후배예요.'라고 할 때
이렇게 표현하지는 않아요.

---

+ 그는 선배이기 때문에 휴가 날짜를 먼저 고를 수 있어요.

# He's allowed to choose his vacation days first because he has seniority.

그는 허락받았어요　　　　그의 휴가 날짜를 고르는 것을　　　　　먼저　　왜냐하면 그가 더 높은 서열을 가지고 있으니까

be allowed to ~하는 것이 허락되다

His performance has been ~.
He's shown decent work performance.
His performance has been less than satisfactory.
He's exhibited strong work performance from day one.
Her work performance has been outstanding/beyond expectations.

---

그의 업무 실적은 ~해요.

# His performance has been ~.

performance 업무 실적, 업무 성과

그의 업무 실적은 ~해요

---

그는 업무 실적이 뛰어나요.

# His performance has been **strong.**

그의 업무 실적은 강해요

---

그의 업무 실적은 우리가 기대했던 것보다 더 높았어요.

# His work performance has been **better than we expected.**

그의 업무 실적은 더 나았어요                          우리가 기대했던 것보다

---

A: 어때요? 업무 실적이 생각했던 것보다 더 좋았어요?

# How about you? Was your work performance better than expected?

당신은 어때요?            당신의 업무 실적이 더 좋았어요?                    기대했던 것보다

---

B: 아주 좋았어요. 요즘은 제 실적을 잘 모르겠지만요.

# It was really good. I'm not too sure about my work performance these days.

정말 좋았어요                제는 잘 모르겠어요        제 업무 실적에 대해            요즘은

not too sure 잘 모르겠다, 확신이 들지 않는다

A: 날이 너무 더워요. 모두 날씨 탓이에요.

**It's too hot. It's all the weather's fault.**

너무 더워요          그것은 ~이에요 모두 날씨 탓

fault 잘못, 책임

---

그는 업무 실적이 괜찮았어요.

**He's shown decent work performance.**

그는 보여 주었어요          괜찮은 업무 실적을

His job performance has been okay/decent.
그의 업무 실적은 괜찮았어요.

decent 괜찮은

---

그녀의 실무 능력은 뛰어났어요.

**Her on-the-job performance has been stellar.**

그녀의 실무 능력은                              뛰어났어요

on-the-job 직장에서의, 실무의 | stellar 뛰어난

---

+ 그의 실적은 만족스럽지 못했어요.

**His performance has been less than satisfactory.**

그의 실적은                    만족스럽지 못했어요

less than 사람들이 생각하는 기준치(표준치)보다 못한, 적은
satisfactory 만족스러운, 충분한

---

+ 그는 처음부터 눈부신 업무 실적을 보였어요.

**He's exhibited strong work performance from day one.**

그는 보여 왔어요          강한 업무 실적을          처음부터

exhibit 보이다, 전시하다

---

+ 그녀의 업무 실적은 뛰어났어요.

**Her work performance has been outstanding.**

그녀의 업무 실적은                    뛰어났어요

outstanding 뛰어난

---

+ 그녀의 업무 실적은 기대 이상이었어요.

**Her work performance has been beyond expectations.**

그녀의 업무 실적은                    기대 이상이었어요

beyond expectations 기대 이상으로

I'm looking forward to ~.
I'm looking forward to a raise early next year.
I'm looking forward to a vacation.
I'm looking forward to a promotion this fall.
I'm really looking forward to my Christmas bonus.
I'm looking forward to the staff party.

I'm really not looking forward to ~.
I'm really not looking forward to the staff party tonight.

---

### ~을 기대하고 있어요.
## I'm looking forward to ~.
저는 기대하고 있어요                    ~을

---

### 내년 초에는 월급이 오르기를 기대하고 있어요.
## I'm looking forward to a raise early next year.
raise 월급 인상

저는 기대하고 있어요          월급 인상을    내년 초에

---

### 되도록 빨리 직접 만나 뵙기를 기대하고 있습니다.
## I'm looking forward to meeting you in person ASAP.
저는 기대하고 있습니다          당신을 만나기를          직접          가능한 한 빨리

* 비즈니스 이메일에 자주 등장하는 표현으로, 급할 때는 뒤에 '가능한 한 빨리'라는 의미로 ASAP를 붙이기도 해요.

    ASAP(as soon as possible) 가급적 빨리

---

### 만나든지 말든지, 내 삶은 계속될 것이다.
## Whether we meet or not, my life will go on.
만나든지 말든지                    내 삶은 계속될 것이다

* 이 표현은 강의 중에 농담으로 한 말인데 궁금하신 분들을 위해 소개합니다.

저는 휴가를 기대하고 있어요.

**I'm looking forward to a vacation.**

저는 기대하고 있어요        휴가를

---

저는 이번 가을에 승진을 기대하고 있어요.

**I'm looking forward to a promotion this fall.**

promotion 승진, 진급

저는 기대하고 있어요        승진을        이번 가을에

---

+ 저는 정말 크리스마스 보너스를 기대하고 있어요.

**I'm really looking forward to my Christmas bonus.**

저는 정말 기대하고 있어요        제 크리스마스 보너스를

---

저는 회식을 기대하고 있어요.

**I'm looking forward to the staff party.**

staff party 회식

저는 기대하고 있어요        회식을

---

저는 ~을 정말로 기대 안 해요.

**I'm really not looking forward to ~.**

저는 정말 기대하지 않아요        ~을

---

오늘 밤 회식은 정말 기대 안 해요.

**I'm really not looking forward to the staff party tonight.**

저는 정말 기대하지 않아요        회식을        오늘 밤

# ~이 어떻게 되나요? (15:26)

What is ~ like?
What are the hours like?
What's the pay like?
So what's the workload like?
What's the work environment like over there?

---

**~이 어떻게 되나요? / ~이 어때요?**

## What is ~ like?

~이 어떻게 되나요?

---

**(근무) 시간이 어떻게 되나요?**

## What are the hours like?

시간이 어떻게 되나요?

\* What's your work day like?와 같은 말로 몇 시부터 몇 시까지 일하는지를 묻는 표현이에요.

---

**보수는 어때요?**

## What's the pay like?

보수가 어떻게 되나요?

---

**A: 그래서 업무량은 어때요?**

## So what's the workload like?

그래서 업무량은 어떻게 되나요?

workload 업무량
heavy workload 많은 업무량 / light workload 적은 업무량

---

**B: 장난 아니에요.**

## It's no joke.

장난이 아니에요

+ 업무량이 많아요.

## The workload is **heavy.**

업무량이　　　　　　　　많아요

---

+ 업무량이 적어요.

## The workload is **light.**

업무량이　　　　　　　　적어요

---

### 거기 업무 환경이 어때요?

## What's **the work environment** like **over there?**

일 환경이 어떤가요?　　　　　　　　　　　　　거기

\* environment 대신에 climate를 써도 같은 뜻이 됩니다.

environment 환경

---

### 다니엘쌤의 원어민 영어 TIP

강의에서 6/10 표현에 들어가기 전, 누구 순서인지 모르는 상황에서 마이클쌤은 I think it's my turn. I was doing even numbers, right?(제 생각에 제 차례인 거 같아요. 제가 짝수 번호를 하고 있었으니까요, 그렇죠?)이라고 했어요. 여기서 짝수는 even number, 홀수는 odd number라고 하죠. 가끔 이 홀수, 짝수 단어가 헷갈릴 때가 있는데요, even과 odd의 원래 뜻을 보면 구분하기 쉽습니다. 블록 쌓기를 생각해 보세요. 블록을 둘로 나누어 쌓았을 때 맨 위가 평평하면(even) even number(짝수)이고, 맨 위에 하나가 튀어나와 이상하면(odd) odd number(홀수)라고 생각하면 간단합니다.

# 〜이 어때요? (16:26)

How's ~ treating you?
How's the new job treating you?
It's better than I expected.
How's ~ life treating you?
How's corporate life treating you?
How's work life treating you?
How's life as an executive treating you?
Does corporate life agree with you?

---

### 〜이 어때요?
# How's ~ treating you?
treat 다루다, 대접하다

어떻게        ~이   당신을 대접하고 있어요?

---

### A: 새로운 일은 어때요?
# How's **the new job** treating you?

어떻게        새로운 일이            당신을 대접하고 있어요?

---

### B: 예상했던 것보다 더 좋아요.
# It's better than I expected.

그것은 더 좋아요      제가 예상했던 것보다

---

### ~ 생활이 어때요?
# How's ~ life treating you?

어떻게        ~ 생활이      당신을 대접하고 있어요?

회사 생활은 어때요?

## How's corporate life treating you?

어떻게 　회사 생활이 　　　당신을 대접하고 있어요?

---

회사 생활이 어때요?

## How's work life treating you?

어떻게 　회사 생활이 　　　당신을 대접하고 있어요?

---

임원 생활은 어때요?

## How's life as an executive treating you?

executive 간부

어떻게 　임원으로서의 생활이 　　　당신을 대접하고 있어요?

---

한국 생활은 어때요?

## How's life in Korea treating you?

어떻게 　한국에서의 생활이 　　당신을 대접하고 있어요?

---

+ 회사 생활에 만족해요?

## Does corporate life agree with you?

회사 생활이 　　　당신과 동의해요?

# 그는 금융 쪽에 있어요 (19:12)

What do you do?
I'm in ~.
He's in finance.
He's in entertainment.
What line of work are you in?
He's in medicine.
I've always dreamed of getting a job in entertainment.

---

+ 하는 일이 뭐예요?

## What do you do?

무엇을    당신은 하나요?

---

~ 쪽이요.

## I'm in ~.

저는 ~에 속해 있어요

---

그는 금융 쪽에 있어요.

## He's in finance.

그는 속해 있어요 금융에

---

그는 연예계 쪽에 있어요.

## He's in entertainment.

\* He works in entertainment.도 같은 의미입니다.

그는 속해 있어요 연예계 쪽에

---

어떤 분야에서 일해요?

## What line of work are you in?

line of work 어떠한 분야, 계통

무슨 산업 분야에        당신이 속해 있나요?

우리는 둘 다 교육 쪽에서 일하죠.

## We're **both in education.**

우리는 둘 다 속해 있어요  교육에

---

그는 의료계 쪽에 있어요.

## He's **in medicine.**

medicine 의학, 의술, 약

그는 속해 있어요 의학에

---

+ 저는 항상 연예계 쪽에서 일하는 것을 꿈꿔 왔어요.

## I've always dreamed of getting a job in entertainment.

저는 항상 꿈꿔 왔어요                     연예계 속에서 직업을 갖게 되기를

# NOTES 강의를 들으며 나만의 대답이나 궁금한 내용을 메모해 두세요.

# ~에 대해 정말 스트레스 받았어요 (19:55)

I've been really stressed out about ~.
I'm under a lot of stress because ~.
I've been really stressed out about this deal I'm putting together.
I've been really stressed out about this presentation.

---

### ~에 대해 정말 스트레스 받았어요.

## I've been really stressed out about ~.

저는 정말 스트레스 받았어요                     ~에 대해서

---

### 저는 ~ 때문에 스트레스 많이 받았어요.

## I'm under a lot of stress because ~.          **AVOID** I have a lot of stress. (X)

저는 스트레스 아래 놓여 있어요           ~ 때문에

---

### 저는 준비하고 있는 이 거래 때문에 정말 스트레스 받았어요.

## I've been really stressed out about this deal I'm putting together.    deal 거래, 합의
put together 만들다, 준비하다

저는 정말 스트레스 받았어요                 이 거래에 대해서         제가 준비하고 있는

---

### + 저는 이 발표 때문에 정말 스트레스 받았어요.

## I've been really stressed out about this presentation.

저는 정말 스트레스 받았어요                 이 발표에 대해서

---

### 저는 이 새로운 유튜브 채널 때문에 정말 스트레스 받았어요.

## I'm really stressed out about this new YouTube channel.

저는 정말 스트레스 받았어요              이 새로운 유튜브 채널에 대해서

It was (always) my dream to be ~.
My goal is to be a doctor someday.
What's your dream job?
How would you describe your dream job?

---

~가 되는 게 (항상) 제 꿈이었어요.

## It was (always) my dream to be ~.

(항상) 제 꿈이었어요                                    ~가 되는 게

---

제 꿈은 의사가 되는 거예요.

## My dream is to be a doctor.

**AVOID** My dream is a doctor. (X)

제 꿈은              의사가 되는 거예요

---

제 꿈은 의사가 되는 거예요.

## My dream is to become a doctor.

제 꿈은              의사가 되는 거예요

---

의사/유명한 교육자가 되는 게 항상 제 꿈이었어요.

## It was always my dream to be a doctor/famous educator.

\* It has always been ~으로도 많이 씁니다.

항상 제 꿈이었어요                        의사/유명한 교육자가 되는 것이

---

내 목표는 언젠가 의사가 되는 거야.

## My goal is to be a doctor someday.

\* dream보다 goal을 더 많이 쓰는데 이 때는 '언젠가는'이라는 뜻의 someday
나 one day를 함께 써야 더 자연스러워요. goal in life라는 표현도 많이 쓰
는데 '인생에 있어서의 목표'라는 뜻입니다.

내 목표는              의사가 되는 거야              언젠가

---

M: 어렸을 때, 제 꿈은 유명한 가수가 되는 거였어요. 조앤쌤은요?

**When I was a kid, my dream was to be a famous singer. What about you?**

제가 어렸을 때     제 꿈은 유명한 가수가 되는 거였어요     당신은 어때요?

---

J: 음… 그거에 대해 생각해 보진 않았어요.

**Well... I didn't really think about it.**

음     저는 정말 생각해 보지 않았어요     그것에 대해서

---

M: 기본 대답은 선생님이라고 해요.

**The default answer is a teacher.**

기본 대답은     선생님이에요

default 디폴트, 초기 설정

---

J: 네~, 제 꿈을 이뤘네요.

**Yeah, I made my dream come true.**

네     저는 만들었어요 제 꿈이     실현되도록

---

M: 꿈을 이루셨네요.

**You're living the dream.**

당신은 살고 있네요     꿈을

live the dream 꿈으로 꾸던 것을 살다

---

+ 이상적인 직업이 뭐예요?

**What's your dream job?**

뭐예요?     당신의 꿈의 직업이

---

+ 어떤 직업을 꿈꾸고 있어요?

**How would you describe your dream job?**

어떻게 당신은 묘사하겠어요?     당신의 꿈의 직업을

describe 묘사하다

# + 회사 생활 표현 (22:47)

I called in sick.
I'm going to call in sick today.
Pull one's weight
You need to pull your own weight.
Live up to someone's expectations.
He didn't live up to the boss's expectations.
I've got a lot on my plate right now.
Put something on the back burner.
The boss OK'd it.
He still hasn't green-lighted/green-lit the project.
I'm taking a leave of absence from work/school.

---

## 나 병가 냈어.
## I called in sick.
나 전화했어     아프다고

* call in sick은 '전화로 병결을 알리다'라는 뜻으로, '병가를 내다'라는 표현입니다.

## 나 오늘 병가 낼 거야.
## I'm going to call in sick today.
나는 ~ 거야        아프다고 전화할      오늘

## 네가 네 몫을 해 줘야 해.
## You need to pull your own weight.
너는 ~ 필요가 있어      너의 몸무게를 끌고 갈

pull one's weight 자기 몫을 하다

**PLUS** (마이클쌤의 설명입니다.)
Let's say we're doing a class together and somebody is not doing their share. You can say, "You're not pulling your own weight." or "You need to start pulling your own weight."
우리가 함께 수업을 할 때 누군가가 자신의 몫을 안 하고 있다고 해 보세요. 그럴 때 '네가 네 몫을 못하고 있어.' 또는 '네 몫을 해 줘야지.'라고 말할 수 있어요.

그는 상사의 기대에 부응하지 못했다.

**He didn't live up to the boss's expectations.**

그는 부응하지 못했다    상사의 기대에

live up to someone's expectations 누군가의 기대에 부응하다

---

지금 할 일이 정말 많아요.

**I've got a lot on my plate right now.**

저는 많이 가지고 있어요    저의 접시 위에    당장

---

지금 할 일이 너무 많아요.

**I've got too much on my plate right now.**

저는 많이 가지고 있어요    저의 접시 위에    당장

* a lot 대신 too much를 쓰기도 합니다.

---

+ 나중으로 미뤄요. / 보류해요.

**Put something on the back burner.**

놓으세요 무언가를    버너 뒤로

* 가스레인지에 4구의 버너가 있을 때 뒤쪽에는 다 된 요리나 간단한 요리를 두는 것에서 유래된 말입니다. 어떤 일을 지금 결정하기 힘들 때 쓸 수 있는 표현입니다.

---

+ 상사가 동의했어.

**The boss OK'd it.**

상사가    동의했어    그것에

---

+ 그는 여전히 그 프로젝트를 허가하지 않았어요.

**He still hasn't green-lighted/green-lit the project.**

그는 여전히 허가하지 않았어요    그 프로젝트를

* green-light의 과거형, 과거분사형으로는 green-lighted와 green-lit 둘 다 쓸 수 있어요.

green-light 허가하다

---

나는 휴직/휴학 중이야.

**I'm taking a leave of absence from work/school.**

나는 취하고 있어    휴직/휴학을    직장으로부터/학교로부터

* leave는 휴가보다 더 오래 쉬는 것을 말합니다. '짧은 휴가'는 short vacation, '긴 휴가'는 long vacation 이라고 해요.

---

만약에 네가 기분이 그렇게 울적하면, 아마도 휴가를 써야겠지.

**If you're feeling that down, maybe you should take a leave of absence.**

만약에 그렇게 기분이 울적하면    아마도    너는 ~ 해야 한다    휴가를 취하는 것을

Q: Which one of you started first?

A:

Q: I'm really looking forward to a raise.

A:

Q: How's corporate life treating you?

A:

# ANSWER 마이클쌤과 다니엘쌤의 답안입니다.

---

Q: Which one of you started first?

A1: He has seniority over me.

A2: We started at the same time.

A3: I started first, but he got promoted sooner.

A4: She started one year after me.

Q: 당신들 중에 누가 먼저 (직장 생활을) 시작했나요?　A1: 그가 저보다 선배예요.　A2: 우리는 같은 시기에 시작했어요.
A3: 제가 먼저 시작했어요. 그런데 그가 먼저 진급했죠.　A4: 그녀가 저보다 1년 후에 시작했어요.

---

Q: I'm really looking forward to a raise.

A1: When do you think you'll get it?

A2: When are you supposed to get it?

A3: How much are you expecting to get?

A4: Yeah, I'm expecting one too.

Q: 나는 정말로 월급 인상을 기대하고 있어.　A1: 언제 받을 수 있을 것 같은데?　A2: 너 언제 받기로 되어 있는데?
A3: 얼마나 받을 것으로 기대해?　A4: 그래. 나도 기대하고 있어.

---

Q: How's corporate life treating you?

A1: It's great! It's even better than I expected.

A2: Honestly, I'm under a lot of stress.

A3: Not that great. I'm really stressed out.

A4: It has its ups and downs. Could be better...

honestly 솔직히 | ups and downs 오르내림, 기복

Q: 직장 생활 어때?　A1: 좋아! 내가 기대했던 것보다 훨씬 더 좋아.　A2: 솔직히, 나 스트레스 엄청 받고 있어.
A3: 그렇게 좋진 않아. 나 정말로 스트레스 받았어.　A4: 기복이 있지. 더 좋을 수도 있을 텐데 (좋지 않아).

# 원어민처럼 말하기
## 기초 영어 회화 ⑫편

Ten in Ten! 4편
카페에서 주문하기

## 카페에서 At the Cafe

요즘 카페에서 사람들을 만나 담소를 나누시나요?
카공족(카페에서 공부나 일을 하는 사람들)이라는 신조어까지 생겼는데요. 카공족의 대열에 합류하시나요?
외국 어느 카페에서 카공족까지는 힘들더라도 빡빡한 여행 일정에 숨 고를 수 있는 여유가 있었으면 하는 마음, 누구나
마찬가지일 거예요. 잠시 쉬어 가는 곳이 가시방석처럼 불편해서는 안 되겠죠. 그러려면 먼저 카페에서 쓸 수 있는 영어
표현부터 연습해야겠네요. 참, 덜컥 주문부터 하기 전에 Do you guys have free Wi-Fi?(무료로 와이파이 쓸 수 있나요?)
라고 살짝 확인해 보시면 어떨까요?

원어민처럼 말하기

기초 영어 회화

# + INTRODUCTION 도입 (00:00~01:53)

## Thanks for having me (on the show)! 초대해 주셔서 고맙습니다.

* 방송 멘트로 자주 사용합니다.


## Thanks for being here! 이 자리에 함께해 주셔서 고맙습니다.

* 역시 방송 멘트로 자주 사용합니다.


## This has been Michael Elliott reporting from the Playground.

저는 마이클 엘리엇이었구요, 플레이그라운드에서 전해 드렸습니다.

**AVOID** I was Michael Elliott ~ (X)

I was Michael Elliott ~이라고 말하면, 아까는 마이클 엘리엇이었지만 지금은 아니고 새로운 사람으로 변신했다는 뜻이 되므로 주의해야 합니다.


## get back on track 본론으로 돌아가다


### 다니엘쌤의 원어민 영어 TIP

앞서 소개해 드렸듯이 영상 촬영 장소는 제가 운영하고 있는 카페 홍대 Playground라는 곳입니다. 홍대의 유명한 '놀이터' 바로 앞에 자리한 덕분에 이름을 Playground라고 지었죠. 그래서 다른 외국인 친구들에게 장소를 설명할 때, My cafe is located right in front of the 'playground' near the Hongdae main gate. Hence the name, Playground.(우리 카페는 홍대 정문 근처 '놀이터' 바로 앞에 있어. 그래서 카페 이름이 플레이그라운드야.)라고 소개하곤 해요. 여기서 hence는 '이런 이유로'라는 뜻으로, hence 뒤에는 문장보다는 주로 명사가 오죠. 만약 동사를 쓴다면, That is why I named it 'Playground.'(그래서 내가 그걸 플레이그라운드라고 이름을 지은 거야.)라고 표현할 수 있습니다.

# ~ 한 잔 주세요 (01:54)

Can I have a ~?
Can I get a ~?
May I have a ~?
I'd like a ~.
One ~, please.
One iced Americano, please.

---

### ~ 한 잔 주세요.

# Can I have a ~?

제가 가질 수 있을까요? ~ 하나를

\* 주문할 때 쓰는 일반적인 표현이에요. 요즘 젊은 사람들이 편하게 쓰는 말은 다음에 나오는 Can I get a ~?입니다.

---

### ~ 한 잔이요.

# Can I get a ~?

제가 가질 수 있어요? ~ 하나를

---

### 하우스 커피 한 잔이요.

# Can I get a house coffee?

제가 가질 수 있어요? 하우스 커피 하나를

## ~ 한 잔을 주시겠어요?
# May I have a ~?
제가 가져도 될까요?　　~ 하나를

* Can I have a ~?보다 정중한 표현입니다. 원래 허락을 구하는 표현은 May I ~로 시작하는 게 원칙이지만, 지금은 나이 드신 분들이나 쓰실까요? 시대가 바뀌어 젊은 사람이 May I ~라는 표현을 쓰면 책에서나 볼 수 있는 시대에 뒤떨어진 표현이라고 생각하게 됐죠. 주문할 때는 Can I have a ~?, Can I get a ~?를 쓰시면 됩니다.

## ~ 하나 주세요.
# I'd like a ~.
저는 원해요　　~을

* 이 표현도 정중하게 의뢰할 때 쓰는 표현입니다.

## 아메리카노 한 잔 주세요.
# I'd like an Americano.
저는 원해요　　아메리카노 하나를

* I'd like ~는 I would like ~를 줄인 말이에요.

## + ~ 하나를 주세요.
# One ~, please.
~ 하나　　주세요

* 여기서 please는 남에게 무언가를 정중하게 요청하거나 의뢰할 때 붙여 쓰는 말이에요.

## + 아이스 아메리카노 한 잔 주세요.
# One iced Americano, please.
아이스 아메리카노 하나　　주세요

## (아이스) 아메리카노/하우스 커피/드립 커피 한 잔 테이크아웃 할게요.
# Can I get an (iced) Americano/a house coffee/a drip coffee to go?
제가 가질 수 있어요? (아이스) 아메리카노를　　하우스 커피를　　드립 커피를　　테이크아웃으로

* to go는 '가져가다'라는 뜻으로, 우리가 흔히 쓰는 take-out 대신 원어민들이 많이 쓰는 표현입니다.

* 우리말로 '아메리카노 주세요.'라고 해서 Give me an Americano.라고 표현하면 안 되겠죠. 이런 표현은 마치 Give me your money.(돈 내 놔!)와 같이 강도가 돈을 빼앗으려고 할 때의 어투로 들리거든요. 참, 미국에서 아이스 아메리카노 주문할 때는 ice가 아니라 iced라고 해야 해요.

How may I help you?
What can I get you?
What will you be having (today)?

---

### 어떻게 도와 드릴까요?
# How may I help you?
어떻게 도와 드릴까요?　　　당신을

* 직원이 손님에게 하는 가장 일반적인 표현입니다.
  How can I help you?도 같은 표현이에요.

---

### 뭐 드릴까요?
# What can I get you?
무엇을 제가 가져다줄 수 있을까요? 당신에게

* 앞에서 배운 Can I get a ~?와 같이 아주 캐주얼한 표현이에요. 젊은 사람들
  이 많이 쓰는 표현이죠. get에는 '얻다'라는 뜻 외에도 '가져다주다'라는 뜻이
  있습니다.

---

### (오늘) 어떤 걸 드시겠어요?
# What will you be having (today)?
무엇을　　　당신은　드시겠어요?　　　(오늘)

* 원어민이 쓰는 영어에 가장 가까운 표현이에요.

---

### 여러분은 오늘 무엇을 드실 건가요?
# What will you folks be having today?
무엇을　　　여러분은　　　드실 건가요?　　　오늘

* 식당에서 자주 듣는 표현으로, folks는 사람들을 지칭하는 말입니다. 웨이터
  나 웨이트리스가 손님에게 친근감 있게 다가갈 때 쓰는 표현이기도 하죠.

I need a little more time, please.
I'm still deciding (what I'm going to order).
I still haven't decided.
I still haven't made up my mind.
You go ahead. I (still) need a little more time.

---

생각할 시간이 필요해요.
## I need a little more time, please.
저는 필요해요 약간의 시간이

\* 아직 결정하지 못했다는 말을 에둘러 표현한 말입니다.

아직 결정 중이에요. (제가 뭘 시켜야 할지)
## I'm still deciding (what I'm going to order).
저는 여전히 결정 중이에요 　　　(무엇을 　　제가 시켜야 할지를)

order 주문하다

+ 아직 결정 못했어요.
## I still haven't decided.
저는 여전히 결정하지 못했어요

아직 제 마음을 정하지 못했어요.
## I still haven't made up my mind.
저는 여전히 정하지 못했어요 　　　　　　저의 마음을

make up one's mind 마음을 정하다, 결정하다

전 아직 생각 중이에요.
## I'm still thinking.
저는 여전히 생각 중이에요

먼저 하세요. 저는 생각할 시간이 필요해요.

# You go ahead. I (still) need a little more time.

당신이 먼저 하세요          저는 (여전히) 필요해요     약간의 시간이

♥ 옆 사람에게 양보하고 싶을 때 쓸 수 있는 표현이에요. 이때 You go ahead라는 표현은 억양에 따라 강압적으로 들릴 수 있습니다. 따라서 You! Go ahead!
   로 끊어서 얘기하는 것이 아니라 You go ahead를 부드럽게 이어서 말해야 해요.

**AVOID** Wait! (X) / Please, wait! (X)
기다려 달라고 말하고 싶을 때 Wait! 혹은 Please, wait!이라고 하면 무례해 보일 수 있습니다. 이때는 One second, please.로 표현하는 것이 좋겠지요.


# NOTES 강의를 들으며 나만의 대답이나 궁금한 내용을 메모해 두세요.

I'll go with a/the ~.
I think I'll go with a/the ~.
I'll have what he's having.
I'll have one of those too.
I'll take one of those too.
Let me get one of those too.

---

## 〜로 할게요.
### I'll go with a/the 〜.
저는 갈 것입니다　　～와 함께

---

## 〜로 하는 게 좋을 것 같아요.
### I think I'll go with a/the 〜.
저는 생각해요　제가 갈 것이라고　～와 함께

* I think로 시작하면 좀 더 부드러운 표현이 되지요.

---

## 같은 것으로 주세요.
### I'll have **what he's having**.
저는 가질 거예요　그가 가지고 있는 것으로

* 같은 것으로 달라는 의미에서 '저도요.'라는 뜻의 Same thing.이나 Me too.보다는 예문과 같은 표현을 쓰길 추천합니다.

---

## 같은 걸로 할게요.
### I'll have **one of those too**.
저는 가질 거예요　저것들 중 하나를　　　역시

* 원래 too 앞에는 Me, too.와 같이 쉼표(,)를 넣었지만, 요즘에는 생략하는 것이 더 자연스러워졌어요.

---

## 같은 걸로 할게요.
### I'll take **one of those too**.
저는 취할 거예요　저것들 중 하나를　　　역시

* take를 써서 I'll take what he's having.이라고도 할 수 있어요.

---

같은 것으로 하겠어요.

## Let me get one of those too.

가지게 해 주세요 저것들 중 하나를 역시

---

내가 사 줄게/들어 줄게.

## Let me get that for you.

사게/들게 해 줘 그것을 너를 위해

---

내가 낼게.

## Let me get this.

사게 해 줘 이것을

# NOTES 강의를 들으며 나만의 대답이나 궁금한 내용을 메모해 두세요.

**어떤 것으로 추천해 주시겠어요?** (08:49)

> What would you recommend?
> What are your most popular drinks?
> What are some of your most popular drinks?
> What are some of your bestsellers?
> What are your specialties?
> The specialties of the house are ~.
> It's on the house.

---

어떤 것으로 추천해 주시겠어요?

## What would you recommend?

무엇을 　　 당신은 추천하겠어요?

---

음료수 중에 뭐가 가장 인기 많아요?

## What are **your most popular drinks?**

뭐예요? 　　 당신네의 　 가장 　 인기 좋은 　 음료가

---

인기 많은 거 중에 몇 가지 말씀해 주시겠어요?

## What are some of **your most popular drinks?**

뭐예요? 　　 ~ 몇 가지가 　 당신네의 　 가장 　 인기 좋은 　　 음료

---

가장 잘 나가는 게 뭐예요?

## What are some of **your bestsellers?**

뭐예요? 　　 ~ 몇 개가 　　 당신네의 베스트셀러

\* bestseller는 책에 대해서 말할 때만 쓰는 것이 아니라 음료 메뉴 등을 말할 때도 쓸 수 있어요.

---

가장 잘하는 게 뭐예요?

## What are **your specialties?**

뭐예요? 　　 당신이 잘하는 것

\* 이렇게 표현할 때 What are ~의 복수 형태로 쓴다는 것에 주의하세요.

저희 가게에서 가장 잘하는 것은 ~예요.

**The specialties of the house are ~.**

＊ 직원이 손님에게 메뉴에 대해 소개할 때 자주 쓰는 표현입니다.

가게에서 잘하는 것은                                       ~예요

---

이것은 서비스입니다.

**It's on the house.**

이것은 가게에서 내는 거예요

# NOTES 강의를 들으며 나만의 대답이나 궁금한 내용을 메모해 두세요.

Have you been helped?
Are you (guys) together?
Are you two together?
Is he/she in your party?
We're in the same party.

---

### 주문하셨어요?
# Have you been helped?
당신은 도움을 받으셨나요?

*\* 직원이 지나가다가 주문했는지 공손히 물어보는 표현이에요.*

---

### 일행이세요?
# Are you (guys) together?
당신들은 함께인가요?

---

### 두 분이 일행이세요?
# Are you two together?
당신들 둘은 함께인가요?

---

### 그/그녀는 같은 일행이세요?
# Is he/she in your party?
그/그녀는　　　당신의 일행이에요?

*\* party에는 '파티'라는 뜻 외에도 '일행'이라는 뜻도 있어요.*

---

### 그/그녀는 제 일행이에요.
# He/She is in my party.
그/그녀는　　　제 일행이에요

---

### 우리는 일행입니다.
# We're in the same party.
우리는　　　같은 일행이에요

**PLUS** He is at the same party. 그는 같은 파티장에 있어요.
at the party는 '파티에 와 있는'이라는 뜻이에요.

# 그 정도면 될 것 같아요 (11:43)

That'll do it.
Would you like soup or salad with that?
Will that do it for you?

---

### 그 정도면 될 것 같아요.
## That'll do it.
그걸로 할 거예요

\* That will do it.(됐습니다, 그것만으로 충분합니다.)은 Would you like a drink with that?, Would you like a shake with that?처럼 직원이 주문을 더 권할 때 답할 수 있는 표현이에요. 참고로 Would you like to have ~?는 '~을 마시고 싶으세요?'라는 뜻이고, Woud you like a drink?라고 하면 '마실 것(음료)을 원하시나요?'라는 뜻이 됩니다.

---

### 그냥 ~면 될 것 같아요.
## I'll just have a/an ~.
저는 단지 가질 거예요     ~을

---

A: 그냥 아이스 아메리카노 한 잔과 페이스트리 하나면 될 것 같아요.
## I'll just have an iced Americano and a pastry.
저는 단지 가질 거예요     하나의 아이스 아메리카노와 하나의 페이스트리를

---

B: 도넛도 함께 하시겠어요?
## Do you want a doughnut with that too?
당신은 원해요?     도넛을     그것과 함께

---

A: 아뇨, 그 정도면 될 것 같아요.
## No, that'll do it.
아니요   그것으로만 할 거예요

---

A: 수프나 샐러드도 같이 원하세요?
## Would you like soup or salad with that?
당신은 원해요?     수프나 샐러드를     그것과 함께

B: 아뇨, 그 정도면 될 것 같아요.

## No, that'll do it.

아니요   그것으로만 할 거예요

---

A: 이 정도면 괜찮으시겠어요?

## Will that do it for you?

그것으로 하겠어요?          너를 위해

---

B: 네, 그 정도면 될 것 같아요.

## Yeah, that'll do it.

네          그것으로만 할 거예요

---

### 다니엘쌤의 원어민 영어 TIP

영어 학습 초기에는 Would you guys like soup or salad?(수프나 샐러드 드시겠어요?)라는 문장의 soup or salad가 super salad로 들리기도 하고, books to read라는 표현이 book story로 들리기도 했던 기억이 나네요. 어느 책에선가 Mountain Dew(마운틴 듀)를 '만두'로 잘못 알아들은 적이 있다는 글을 보고 나만 그런 게 아니구나, 하면서 안심할 수 있었습니다. 이렇듯 왕초보들이 실수를 하는 이유는, 영어 듣기가 익숙하지 않고, 발음 현상, 법칙 및 연음을 잘 알지 못하기 때문이죠. 듣기를 잘 하려면 먼저 '발음 현상, 법칙 및 연음'에 대해 공부를 하고, 반복 듣기를 하고, 가능한 한 받아쓰기를 해 보는 것도 도움이 많이 됩니다. 또한, 웬만한 영어 표현을 쓰거나 들어도 이해할 수 있게끔 직독직해가 가능한 독해 수준을 쌓는 것도 필요합니다.

# 가져갈게요 (12:56)

I'd like that to go, please.
Could you wrap that up for me?
Can I get that to go?
Could you warm that up for me?

---

A: 여기서 드실 건가요? 아니면 가져가실 건가요?
## For here or to go?
여기에서?　　　또는 가지고?

---

B: 가져갈게요.
## I'd like that to go, please.
저는 ~ 원해요　그것을 가져가기를

\* take out을 넣은 I'll have that take out.(그거 테이크아웃 할게요.)이라는 표현은 잘 쓰지 않아요.

---

포장해 주시겠어요?
## Could you wrap that up for me?
그것을 포장해 주시겠어요?　　　　　저를 위해

\* wrap up은 '포장하다, 싸주다'라는 뜻으로, 식당에서 먹고 남은 음식(leftover)을 포장해 달라고 할 때도 Could you wrap that up for me?를 쓸 수 있습니다.

---

\+ 남은 음식 좀 싸주실래요?
## Can I have a doggy bag?
제가 가질 수 있어요?　강아지(밥) 봉지에

\* 식당에서 남은 음식을 포장해 달라고 할 때 쓰는 표현이에요.

doggy bag (식당에서) 남은 음식을 싸가는 봉지

---

\+ 남은 음식 좀 싸갈 수 있어요?
## Can I have it in a box to go?
제가 가질 수 있어요?　그것을 상자 안에　　가져갈

\* 예문과 반대로 직원이 남은 음식을 싸가지고 갈지 묻는다면 Do you need a to-go box?라고 표현하겠죠.

+ 집에 가져가고 싶어요.

## I'd like to take this home.

저는 ~ 싶어요　　　이것을 집에 가져가고

---

테이크아웃 할 수 있어요?

## Can I get that to go?

제가 얻을 수 있어요? 그것을 가져가는 것으로

* 미국에서는 take-out과 to go를 함께 쓰고 있어요. 음식점에서 테이크아웃 할 음식을 주문하는 장소는 take-out window라고 하죠. 다만, Let's get take-out. (우리 음식 포장해서 가자.)이라고 말할 때는 take-out을 쓰고, 음식점에서 주문할 때는 I want that to go, please.(그거 포장해 갈게요.)라고 하면서 to go를 더 많이 씁니다.

---

+ 저것 좀 데워 줄 수 있어요?

## Could you warm that up for me?

데워 줄 수 있어요?　　　그것을　　　저를 위해

warm up 음식을 데우다

# NOTES 강의를 들으며 나만의 대답이나 궁금한 내용을 메모해 두세요.

# 그것을 (추가로) ~하게 해 주시겠어요? (14:28)

Can you make that (extra) ~ for me?
Can you make that extra strong for me?
Can you add an extra shot for me?
Can you make that a little weaker for me?
Can you make that extra spicy for me?
Can you make that extra hot for me?
Can you make that extra mild for us?
I'd like a skinny latte.
Can you make that with low-fat milk?

Do you guys give free refills?
Can I get a refill?
I'd like a refill, please.
Can I get a refill on this?
I'll go with the usual.

---

### 그것을 (추가로) ~하게 해 주시겠어요?
## Can you make that (extra) ~ for me?
만들어 줄 수 있어요?　　　　그것을 추가로 ~하게　　　　저를 위해

* 맛을 강하게 또는 연하게 바꾸고 싶을 때 쓸 수 있는 표현이에요.

　extra 추가의

---

### 그거 더 진하게 해 주시겠어요?
## Can you make that extra strong for me?
만들어 줄 수 있어요?　　　　그것을 추가로 강하게　　　　저를 위해

---

### 샷 하나 추가해 주시겠어요?
## Can you add an extra shot for me?
추가해 줄 수 있어요?　　　　샷 하나 더　　　　저를 위해

add 추가하다, 첨가하다

**+ 샷 하나 추가할 수 있어요?**

## Can I have an extra shot in that, please?

가질 수 있어요?    추가로 샷 하나    거기에

---

**그거 조금 더 연하게 해 주시겠어요?**

## Can you make that a little weaker for me?

weak 약한

만들어 줄 수 있어요?    그것을 약간 더 연하게    저를 위해

---

**그거 좀 더 맵게 해 줄래요?**

## Can you make that extra spicy for me?

만들어 줄 수 있어요?    그것을 추가로 맵게    저를 위해

\* 같이 주문한 사람 모두의 것을 맵게 하길 원한다면 Can you make that extra spicy for us?라고 하면 돼요.

---

**+ 그거 좀 더 뜨겁게 해 주시겠어요?**

## Can you make that extra hot for me?

만들어 줄 수 있어요?    그것을 추가로 뜨겁게    저를 위해

---

**그거 좀 더 부드럽게 해 주시겠어요?**

## Can you make that extra mild for us?

mild 순한

만들어 줄 수 있어요?    그것을 추가로 순하게    저를 위해

---

**저지방 라테 주세요.**

## I'd like a skinny latte.

저는 ~ 원해요    저지방 라테를

\* skinny는 '마른, 저지방의'라는 의미가 있어요. 따라서 skinny latte는 저지방 라테를 말해요.

\* I'd like that skinny.라고도 표현할 수 있어요.

---

**그거 저지방 우유로 만들어 주시겠어요?**

## Can you make that with low-fat milk?

low-fat milk 저지방 우유

만들어 줄 수 있어요?    그것을    저지방 우유로

---

**공짜로 리필 되나요?**

## Do you guys give free refills?

당신들은 주나요?    공짜 리필을

리필 해 줄래요?

**Can I get a refill?**

받을 수 있어요?　　리필을

---

리필 좀 해 주시겠어요?

**May I have a refill?**

받을 수 있을까요?　　리필을

---

리필 해 주세요.

**I'd like a refill, please.**

저는 ~ 원해요　리필을

---

여기에 리필 해 줄래요?

**Can I get a refill on this?**

받을 수 있어요?　　리필을　　　여기에

---

(그냥) 항상 먹는 걸로 할게요.

**I'll (just) go with the usual.**

저는 갈게요　　　　늘 먹던 것으로

the usual 늘 마시는 것

---

항상 먹는 걸로 할게요.

**I'll be having my usual.**

저는 가질게요　　　　늘 먹던 것을

---

오늘도 항상 마시는 걸로 포장하시겠어요?

**Will you just be going with the usual today?**

당신은 그냥 가시겠어요?　　　　늘 먹던 것으로　　　　오늘

* 만약 단골(regular) 카페라면 손님의 취향을 알고 있는 직원이
이렇게 질문할 수도 있겠죠.

# 제가 주문한 게 아니네요 (17:28)

This isn't what I ordered.
I think you got my order wrong.

I thought it would be ~.
Oh, I thought it would be bigger/sweeter/stronger.

---

제가 주문한 게 아니네요.

## This isn't what I ordered.

이것은 ~ 아니네요    제가 주문한 것이

---

주문을 잘못 받으신 것 같네요.

## I think you got my order wrong.

저는 생각해요    당신이 저의 주문을 잘못 받은 것이라고

---

제가 생각했던 것보다 ~하네요.

## I thought it would be ~.

저는 생각했어요        그것이 ~할 것이라고

＊ 기대와는 상반되는 결과가 나올 때 쓰는 표현입니다. 뒤에 오는 단어는 반대의 뜻을 가진 단어라야 합니다.

---

어, 제가 생각했던 것보다 더 작네요.

## Oh, I thought it would be bigger.

어        저는 생각했어요        그것이 더 클 것이라고

---

어, 제가 생각했던 것보다 더 안 달아요.

## Oh, I thought it would be sweeter.

어        저는 생각했어요        그것이 더 달 것이라고

어, 제가 생각했던 것보다 더 약하네요.

# Oh, I thought it would be stronger.

어     저는 생각했어요     그것이 더 강할 것이라고

---

### 다니엘쌤의 원어민 영어 TIP

영어를 공부하는 사람들이 자주 하는 실수 중 하나가 한영사전을 맹신한다는 거예요. 물론 어려운 단어나 모르는 단어는 참고 삼아 찾아볼 수 있겠지만, 영어 수준을 자랑하거나 높일 요량으로 사전에서 찾은 말들을 실제 회화에서 쓴다면 낭패일 게 뻔해요. 원어민들의 대화를 들어 보면 대부분 여러 개의 쉬운 단어들로 이루어진 구동사(phrasal verbs)를 활용하고 있습니다. 따라서 영어로 대화할 때 무조건 어렵고 수준 있는 어휘보다는 원어민들이 많이 쓰는 쉬운 단어 위주로 쓰며 그 뉘앙스나 쓰임새에 주목하는 게 도움이 됩니다.

# QUIZ 질문을 듣고 자기만의 모범 답안을 완성해 보세요.

---

Q: Have you guys been helped?

A:

---

Q: Will that do it for you?

A:

---

Q: How many in your party today?

A:

# ANSWER 마이클쌤과 다니엘쌤의 답안입니다.

---

Q: Have you guys been helped?

A1: Yeah, we've already ordered.

A2: No. I'd like an iced Americano and a water, please.

A3: No, but we're still thinking. Just a minute, please.

A4: No, we're still waiting.

> Q: 주문하셨나요?  A1: 네. 이미 주문했어요.  A2: 아니요. 아이스 아메리카노랑 물 주세요.
> A3: 아니요. 저희 아직 생각 중이에요. 잠깐만요.  A4: 아니요. 기다리고 있어요.

Q: Will that do it for you?

A1: Yeah, I think that'll do it.

A2: No, I think we'll be having dessert too.

A3: Yeah, for now.

A4: Yeah, we're all set.

> Q: 이 정도면 괜찮으시겠어요?  A1: 네. 그 정도면 될 것 같네요.  A2: 아니요. 저희 디저트도 먹을 거예요.  A3: 네. 지금은요.  A4: 네. 우린 다 됐어요.

Q: How many in your party today?

A1: Just the two of us.

A2: I'm on my own.

A3: Just one, thanks.

A4: Well, there are two of us now and two more on the way.

> Q: 오늘 일행이 몇 분이나 되시죠?  A1: 저희 둘뿐입니다.  A2: 혼자 왔어요.  A3: 한 명이에요. 감사합니다.  A4: 음, 지금 두 명인데, 두 명 더 올 거예요.

# 원어민처럼 말하기

## 기초 영어 회화 ⑬편

## 연애 Talking About Your Love Life

We met through a mutual friend.(우리는 함께 아는 친구를 통해서 만났어요.)라는 표현에 에이~ 좀 구식이잖아, 하고 생각하는 분들도 계실 거예요. 연애동호회나 스마트폰 연애 앱이면 이성 친구를 만날 수 있는 최첨단(!) 시대에 좀 고리타분하게 느껴질 수도 있겠네요. 아무튼 우리는 지금 알콩달콩 연애의 소소한 과정까지 스마트폰 앱이나 제3자의 코칭을 받고 있는데, 미국에서는 어떨까요? 영어로 표현하는 연애의 희노애락이 궁금하지 않으세요? 집착 심한 애인은 뭐라고 할까, 나한테 딱 맞는 이상형은 또 뭐라고 할까 궁금하시다면 강의 속으로 함께 가 보시죠!

# 원어민처럼 말하기

# 기초 영어 회화

They're going out.
How long have you two been together?
How long have you two been seeing each other?
We're together.
They're going steady.
They're dating.
They're seeing each other.
It's official.
Are you guys official?

---

그들은 사귀고 있어요.

# They're going out.

그들은    사귀고 있어요

* 영어에는 우리말의 '사귀다'에 해당하는 동사가 없어요. 따라서 원어민들은 They're going out.이라고 많이 표현합니다. They're a couple.이라는 표현도 함께 쓸 수 있어요.

M: 사귀는 사람 있어요?

## Are you going out with anyone?

당신은 사귀는 중이에요?　　　　　　어떤 사람이랑

---

C: 지금은 없어요.

## Not at the moment.

없어요　지금은

at the moment 바로 지금

---

지금은 사귀는 사람 없어요.

## I'm not going out with anyone at the moment.

저는 사귀지 않아요　　　　　누구와도　　　　지금은

---

그는 사귀는 사람 없어요.

## He's not going out with anyone.

그는 사귀지 않아요　　　　　　누구와도

* He's available.이나 He's on the market.이라고 하면 그가 애인이 없는 상태라는 뜻이에요.

available (사람들을 만날) 시간이 있는, 여유가 있는
on the market (상품이) 시장에 나와 있는, 시중에 나와 있는

---

M: 한국어로 '솔로'라는 표현을 쓰지만 미국에서는 잘 안 쓰죠.

## Koreans use the expression "solo," but we don't use it that much.

한국인들은 사용해요　　'솔로'라는 표현을　　　　　　하지만 우리는 사용하지 않아요　　그것을 그렇게 많이

---

둘이 사귄 지 얼마나 됐어요?

## How long have you two been going out?

얼마나 됐어요?　　　　둘이 사귄 지가

---

둘이 사귄 지 얼마나 됐어요?

## How long have you two been together?

얼마나 됐어요?　　　　둘이 함께한 지가

---

둘이 사귄 지 얼마나 됐어요?

## How long have you two been seeing each other?

얼마나 됐어요?　　　　둘이 봐 온 지가　　　　　　서로

누구 만나는 사람 있어요?

## Are you seeing anyone?

당신은 보고 있어요?　　　　누군가를

* '보다'라는 뜻으로 흔히 알고 있는 동사 see가 좀 더 넓은 의미에서 쓰였어요. 주로 진행형 seeing으로 써서 '남녀가 만나다'라는 뜻을 나타냅니다.

see 보다, 알다, 목격하다, (애인으로) 만나다

---

M: 'seeing'이라는 표현은 'going out'이나 'going steady' 또는 'a couple'보다 심각하지는 않은 것 같아요. 'dating'이 사다리의 가장 아래 발판이라면 그 다음이 'seeing each other' 정도 될까요?

It's not quite as serious as "going out" or "going steady" or being "a couple," but maybe "dating" is the lowest rung on the ladder and then... "seeing each other?"

---

C: 가끔 원어민한테도 모호한 것 같아요.

I feel like sometimes it's even ambiguous for a native speaker.

---

M: 그건 데이트 상대에게 명확한 답을 받아내야 하는 거죠.

You have to pin down your partner on that.

---

C: 좀 전에 질문할 때도 'Are you seeing anyone?'이라고 말할 수도 있었죠.

You could've also asked me earlier, "Are you seeing anyone?"

---

M: 그러면 답이 달라졌을까요?

Would your answer be different?

---

C: 아니요, 그게 아주 일반적인 질문이잖아요.

No, it's a very common question.

---

우리는 사귀고 있어요.　　그들은 사귀고 있어요.

## We're together. / They're together.

우리는 함께하고 있어요　　　　그들은 함께하고 있어요

* together는 '함께, 같이'라는 뜻으로, 문맥에 따라 의미가 달라질 수 있어요.

　We're together. 우리는 일행이에요. (같은 일행이라는 의미)
　We've been together for a year. 우리 사귄 지 1년 됐어요. (사귀고 있는 사이라는 의미)

## 그들은 진지하게 사귀고 있어요.
# They're going steady.
그들은 꾸준히 사귀고 있어요

* go steady는 '(~와) 진지하게 사귀다'라는 뜻으로 예전에 많이 쓰던 표현이에요.

steady 꾸준한, 변함없는

## 그들은 사귀고 있어요.
# They're an item.
그들은    연애를 하고 있어요

be an item 연애를 하다

---

M: 만일 우리가 그 표현(going steady)을 아직도 쓴다면 좋을 것 같아요. 명확하거든요. 좋은 표현이지만 지금은 더 이상 쓰지 않아요.

If we still used that expression, it would be nice. Because it's kind of clear. It's a good expression, but we don't use it anymore.

---

C: 때로는 사람에 따라 다를 것 같아요. 개인적으로 전 안 쓰지만요…

Sometimes it depends on the person but personally I don't really...

---

M: 아마도 누군가가 'going steady'나 'They're an item.'이라고 말하는 걸 듣는다면, 그들은 40대나 50대 이상일 거예요, 그죠?

Chances are if you hear somebody say "going steady" or "They're an item," they're probably over 40 or 50, right?

---

C: 여자들이 그렇게 말하는 건 상상할 수 있겠는데요. 남자들은 그런 표현을 절대 쓰지 않을 거라고 생각해요.

I can picture some girls saying, "They're an item." I don't think a guy would ever use that.

---

### 다니엘쌤의 원어민 영어 TIP

강의 중에 마이클쌤이 personal preference라고 말했는데, '개인적 취향이나 선호도'를 뜻해요. 어느 것의 옳고 그름의 문제가 아니라 각자 좋아하는 취향이 서로 다르다는 의미죠. 예를 들어 It's a matter of personal preference.(그건 개인적 취향의 문제야.)라고 표현할 수 있어요. 비슷한 뜻으로 속담처럼 쓰이는 표현들이 있는데요. Different strokes for different folks. 또는 Whatever floats your boat. 등이죠. 두 문장 다 직역하면 어색한데, 그 이유는 strokes/folks, floats/boat와 같이 운율(rhyme)을 맞추기 위해 비슷한 발음의 단어를 썼기 때문이에요. 간단히 '십인십색'(十人十色: 열 사람이면 열 사람이 제각기 다름)의 의미 정도로 이해하면 됩니다.

그들은 사귀고 있어요.

**They're dating.**

그들은　　만나고 있어요

* be dating이라고 하면 본격적으로 사귀기 전 단계의 데이트나, 평소 정기적으로 데이트하는 사이를 뜻해요. 또한, They're on a date.라고 하면 '지금 데이트하는 중이에요.'라는 뜻이 되죠.

---

그들은 사귀고 있어요.

**They're seeing each other.**

그들은　　보고 있어요　　서로

* They're dating.과 마찬가지로 본격적으로 사귀기 전 단계의 데이트를 뜻해요.

---

공식적으로 사귀어요.

**It's official.**

공식적인 사이예요

official 공식적인, 정식의

---

너희 정식으로 사귀는 거야?

**Are you guys official?**

너희는 공식적이야?

---

지금부터 우리는 공식적으로 사귀는 거야.

**From now on, we're official.**

지금부터　　　　　　우리는 공식적인 사이야

from now on 지금부터, 앞으로

They broke up.
We broke up.
We're done.

---

그들은 헤어졌어요.    우리는 헤어졌어요
## They broke up. / We broke up.

그들은 헤어졌어요       우리는 헤어졌어요

* 앞서 배웠듯이 '사귀다'라는 영어 표현은 단계별로 있을 정도로 다양했지만, '헤어지다'라는 의미로 원어민들이 가장 많이 쓰는 표현은 break up 정도밖에 없어요.

break up (~와) 헤어지다, 관계를 끊다

---

그녀는 그와 헤어졌어.        그는 그녀와 헤어졌어.
## She broke up with him. / He broke up with her.

그녀는 헤어졌어      그와        그는 헤어졌어      그녀와

---

너희 언제 헤어졌어?
## When did you guys break up?

언제      너희는 헤어졌어?

---

너네 아직 헤어진 상태야?
## Are you guys still broken up?

너희는 ~거야?        아직 헤어진

---

그들은 5년 동안 사귀었다 헤어졌다 했어요.
## They've been on and off for five years.

on and off 때때로, 불규칙하게, ~하다가 말다가 (하다)

그들은 ~해 왔어요        사귀다 헤어지다      5년 동안

너 헤어졌어?      너희 헤어진 거야?

# Did you break up? / Did you guys break up?

너는 헤어졌어?      너희는 헤어졌어?

---

우린 끝이야.

# We're done. / We're finished.

done 다 끝난, 다 된

우리는 다 끝났어      우리는 끝이야

---

우리 이번엔 정말 끝났어.

# We're really done this time.

\* done 대신 over를 쓸 수도 있어요.

우리는 정말 끝났어      이번에는

---

그녀랑은 끝났어.

# I'm done with her.

나는 끝났어      그녀랑

---

너랑은 정말 끝이야.

# I'm so done with you.

나는 정말 끝났어      너랑

---

우리 진짜 끝이야.

# We're so done.

\* We're so over. / We're so through.도 같은 표현입니다.

우리는 정말 끝났어

---

## 다니엘쌤의 원어민 영어 TIP

앞서 break up은 '~와 헤어지다, 관계를 끊다'라는 뜻이라고 했는데, break의 과거형, 과거분사형(break-broke-broken)을 잘못 알고 쓰는 경우가 있어 잠깐 설명합니다. broke는 형용사로 '무일푼의, 빈털터리의'라는 뜻이 있어요. 그래서 I'm broke.(나 돈 없어.)라고 표현해야 하는데, 가끔 이런 상황에 I'm broken. 이라고 말하는 경우가 있죠. 이렇게 되면 '나 고장났어.'라는 이상한 표현이 돼요. broken은 '깨진, 고장난'이라는 뜻이므로 반드시 형용사 broke와 구분해서 쓰기 바랍니다. 참고로, 자동차의 브레이크는 break가 아니라 brake라고 씁니다.

To dump someone
She dumped me.
I dumped her.
I got dumped.
I always get dumped.

---

### 그녀가 저를 찼어요.
# She dumped me.
그녀가 찼어요        저를

* dump는 '버리다, (애인을) 차다'라는 뜻으로, to dump someone이라고 하면 누군가를 차는 것을 말해요. 예문에서 먼저 헤어지자고 한 사람은 그녀, 당한 사람은 나입니다. 혼동될 수 있으니 주의하세요.

---

### 저는 그녀를 찼어요.
# I dumped her.
저는 찼어요        그녀를

---

### 저는 차였어요.       그녀는 차였어요.
# I got dumped. / She got dumped.
저는 차였어요        그녀는 차였어요

* 동사 dump를 수동태로 만들 때 was를 써서 I was dumped.라고 해도 괜찮지만 보통 got을 더 많이 씁니다. 아무래도 was가 들어간 문장은 문어체처럼 딱딱하게 들리는데 반해 I got dumped.는 편하게 쓸 수 있기 때문이겠죠.

---

### + 저는 항상 차이기만 해요.
# I always get dumped.
저는 항상        차여요

# 화해했어요 (11:25)

They made up.
Break up and make up
They're always breaking up and making up.
They've been on and off for the last five years.

---

그들은 화해했어요.
## They made up.

그들은　　　화해했어요

\* make up은 뒤에 오는 전치사나 대상(목적어)에 따라 의미가 많이 달라집니다. 그러므로 예문을 많이 접하면서 상황에 따라 알맞게 해석할 수 있도록 연습해 두는 것이 좋습니다.

make up 화해하다

그들은 그것을 조작했어요.
## They made it up.

그들은　　　그것을 지어냈어요

그는 그 이야기를 지어냈어요.
## He made up that story.

그는　　지어냈어요　　　그 이야기를

\* make up a story는 '이야기를 만들다, 지어내다'라는 뜻이에요.

그녀는 화장을 했어요.
## She got made up.

그녀는　　화장을 했어요

제가 돌아온 후에 해야 할 보충 과제가 많을 것 같아요.
## I'll have a lot of make-up work to do after I get back.

저는 가질 거예요　많은 보충 과제를　　　　　해야 할　제가 돌아온 후에

make up 보충하다, 따라잡다
make-up work 보충 과제, 보충 수업

제가 보상해 드릴게요.

**I'll make it up to you.**

제가 보상할게요 　　　 당신에게

make it up to ~에게 (손해 따위를) 보상하다

---

그들은 항상 헤어졌다가 화해하곤 해요.

**They're always breaking up and making up.**

그들은 항상 ~해요 　　　 헤어지고 화해하고

break up and make up 헤어지고 화해하다

---

그들은 지난 5년 동안 만났다 헤어졌다 했어요.

**They've been on and off for the last five years.**

그들은 ~해 왔어요 　　　 만나다 말다 　　　 지난 5년 동안

# NOTES 강의를 들으며 나만의 대답이나 궁금한 내용을 메모해 두세요.

# 정말 괜찮은 사람이야! (13:32)

> He's a keeper!
> He's a catch!
> They're still in the honeymoon phase.
> Rose-tinted glasses

---

**정말 괜찮은 사람이야! 놓치면 안 되는 사람이야!**

## He's a keeper! / She's a keeper!

그는 ~이에요 꼭 잡아야 하는 사람  　 그녀는 ~이에요 꼭 잡아야 하는 사람

* 아주 좋은 사람을 만났을 때 그 사람을 묘사할 수 있는 표현이에요.
  keep(간직하다, 유지하다, 계속하다) + er(사람/사물)이라는 형태의 명사형으로 만들어 간직할 만한 가치가 있는 사람이나 물건을 가리켜요.

---

**그 사람 정말 괜찮은 사람이야! 그 사람 1등 신랑감이야!**

## He's a catch! / He's a good/nice catch!

그는 ~이에요 괜찮은 사람  　 그는 ~이에요 매력 있는 사람

* '남자친구 혹은 결혼 상대로 월척이다!'라는 뜻이에요.
  catch는 동사로 '잡다, 받다, 발견하다, 때마침 만나다' 등의 다양한 뜻을 지녔는데, 이를 명사화해서 속어처럼 '진짜 괜찮은 사람이야, 1등 신랑감이야'라는 식으로 쓰고 있어요.

---

**그들은 아직도 눈에 콩깍지가 씌어 있어요.**

## They're still in the honeymoon phase.

그들은 아직도 ~예요  　 신혼의 단꿈을 꾸는 시기

* honeymoon phase는 직역하면 '신혼 시기'이지만, 비유적으로 '초기의 좋은, 우호적인 기간'을 뜻해요. 처음에 만나면 얼마 동안은 상대의 단점이 하나도 안 보일 정도로 눈에 뭐가 씌인다고 하죠. 바로 이 시기를 말하는데, 여러 상황에 쓸 수 있는 표현이에요.

* rose-tinted glasses는 '장밋빛 안경'이라는 뜻으로, '눈에 콩깍지가 씌었다'와 비슷한 말이에요.

  I still have rose-tinted glasses on. 나는 아직 눈에 콩깍지가 씌어 있다.

---

C: 그 표현은 다른 식으로 쓸 수 있어요. 만일 다른 나라에 간다면요. 예를 들어 사람들이 한국에 와서 처음 몇 달 동안은 굉장히 좋아합니다. 뭔가 새롭고 신나기 때문이죠. 그리고 'honeymoon phase'가 지나가고 나면, 물론 아직까지 신나 있기는 하지만, 보통은 문화적 충격을 겪게 되죠.

You can use that in another way, too. If you move to another county and, for example, some people come to Korea and they love it for the first few months because it's something new, something exciting. And then right after your honeymoon phase, when you're still excited, there's a culture shock, usually.

A: (새로운 일을 시작할 때) 새 직장은 어때요?
(When you start a new job) How's the new job treating you?

B: 저는 아직 적응 초기라 다 좋은 시기인 것 같아요.
I think that I'm still in the honeymoon phase.

## NOTES 강의를 들으며 나만의 대답이나 궁금한 내용을 메모해 두세요.

# 그녀는 나한테 딱이야 (16:35)

She's the one.
I used to think she was the one I wanted to spend the rest of my life with.
It was love at first sight.
She's out of his league.
She could do so much better.
She's settling for less.

They have so much in common.
You two look so good together.
They make a great a couple.
Mr. Right / Miss Right

---

### 그녀는 나한테 딱이야.

## She's the one.

그녀는 ~이에요 바로 그 사람

\* She is the best.(그녀가 최고다.)라는 뜻이에요.

---

### 저는 정말로 그녀가 운명의 상대라고 생각해요.

## I really think she's the one.

저는 정말 생각해요 　　　 그녀가 바로 그 사람이라고

\* 서로 교제하다 보니 잘 맞아서 오래 만날 수 있을 것 같고, 결혼까지도 할 수 있을 것 같을 때 쓰는 말이에요. I think she may be the one.이라고 바꿔 말할 수도 있어요.

---

### 그녀는 저의 소울메이트예요.　　 그는 저의 소울메이트예요.

## She's my soulmate. / He's my soulmate.

그녀는 ~예요 저의 소울메이트 　　　 그는 ~예요 저의 소울메이트

soulmate 영혼(마음)이 통하는 사람

---

### 그 사람들은 천생연분이에요.

## They're a match made in heaven.

그들은 ~예요 　 맺어 준 짝 　　　　 하늘에서

a match made in heaven 하늘에서 맺어 준 짝

예전에는 그녀가 제 남은 인생을 함께 보내고 싶은 바로 그 상대라고 생각했었어요.

**I used to think she was the one I wanted to spend the rest of my life with.**

저는 생각했어요　　　　　　그녀가 바로 그 사람이라고　　　　제가 보내고 싶은　　　　　남은 인생을 함께

* '연애 초기 결혼까지 갈 사람이라고 생각했다, 사이가 나빠지기 전까지 운명의 상대라고 여겼는데 지금은 아니다'와 같은 뉘앙스로 원어민들이 많이 쓰는 표현입니다.

used to ~하곤 했다, 예전에는 ~이었다

---

첫눈에 반했어요.

**It was love at first sight.**

그것은 ~이었어요 첫눈에 반한 사랑

love at first sight 첫눈에 반한 사랑

---

그녀는 (완전히) 노는 물이 달라요.

**She's (totally) out of his league.**

그녀는　　　(완전히)　　　그의 리그 밖에 있어요

* out of one's league는 야구에서 나온 비유적 표현으로, 메이저와 마이너 리그의 차원이 다르듯이 자신의 league 밖에 있으므로 자신이 넘볼 대상이 아니라는 뜻으로 쓰여요. 한 마디로 '노는 물이 다르다'라는 뜻이죠.

---

그녀는 훨씬 더 멋진 남자를 사귈 수 있을 텐데….

**She could do so much better...**

그녀는 할 수 있었어요　　　훨씬 더 좋게

He could do a lot better. 그는 훨씬 좋은 여자를 만날 수 있어요.
You could do so much better. 당신은 훨씬 나은 사람을 만날 수 있어요.
She could've done so much better. 그녀는 훨씬 더 좋은 사람을 만날 수 있었어요.

so much better 훨씬 더 좋은

---

그녀는 (그녀가 만날 수 있는 사람보다) 못한 사람을 만나요.

**She's settling for less.**

그녀는 만족해요　　　더 적은 것에

settle for (꼭 원하는 것은 아니지만) ~에 만족하다

---

+ 그들은 공통점이 많아요.

**They have so much in common.**

그들은 가지고 있어요　많은 공통점을

have ~ in common 공통적으로 가지고 있다

---

+ 너네 둘은 정말 잘 어울리는 것 같아.

**You two look so good together.**

너희 둘은　　　정말 좋아 보여　　　함께

**+ 그들은 멋진 커플이에요.**

# They make a great a couple.

그들은     멋진 커플이에요

* 예문에서 동사 make를 쓴다는 것에 유의하세요.

---

**+ 이상형의 남자  이상형의 여자**

## Mr. Right  /  Miss Right

* '좋은 남자, 이상형의 남자'는 Mr. Right이라고 하고, '좋은 여자, 이상형의 여자'를 Miss Right이라고 해요.

I'm still looking for Mr. Right. 아직 이상형의 남자를 찾고 있는 중이야.

I haven't met Miss Right, either. 나도 이상형의 여자를 만나지 못했어.

# NOTES 강의를 들으며 나만의 대답이나 궁금한 내용을 메모해 두세요.

# 그녀는 그에게 최후통첩을 했어요 (20:22)

She gave him an ultimatum.
She's waiting for him to pop the question.
I'm still not ready to settle down.
He didn't want to settle down.
He's a player.

---

**그녀는 그에게 최후통첩을 했어요.**

## She gave him an ultimatum.

그녀는 주었어요     그에게     최후통첩을

\* 사귄 지 오래된 연인 사이인데도 불구하고 예문처럼 남자가 청혼을 하지 않았다면, 여자가 최후통첩으로 결혼을 하든지 헤어지든지 결단을 내리라고 요구한다는 뜻이에요. 이런 청천벽력 같은 최후통첩을 받기 전에 얼른 남자 분들은 청혼부터 하시길!

She's waiting for him to pop the question. 그녀는 그가 청혼하기를 기다리고 있어요.

pop the question 청혼하다

---

**저는 아직 결혼할 생각이 없어요.**

## I'm still not ready to settle down.

저는 아직 준비가 안 되어 있어요        정착하기 위한

\* settle down은 '정착하다'라는 뜻으로, put down roots(뿌리를 내리다, 자리를 잡다)와 같은 뜻이에요.

He didn't want to settle down. 그는 결혼 생각이 없었어요.
The immigrants successfully put down roots in the USA. 그 이민자들은 미국에 성공적으로 정착했어요.

---

**그는 선수예요.          그녀는 선수예요.**

## He's a player. / She's a player.

그는 ~예요 선수          그녀는 ~예요 선수

\* player는 '운동선수'라는 뜻 이외에 '바람둥이'를 의미하기도 해요. '운동선수'라는 표현을 써야 할 때는 상대방이 오해하지 않게 구체적인 종목을 밝히는 게 좋겠네요.

---

**+ 그는 정말 바람둥이예요.**

## He's such a player.

그는 ~예요 너무나     선수

# 그녀가 바람피웠어요 (22:05)

She cheated on me.
I cheated on her.
He cheated on the test.
He has a bad reputation.

---

**그녀가 저를 두고 바람피웠어요.**
## She cheated on me.

그녀는 바람피웠어요　　저를 두고

cheat on 바람피우다

---

**제가 그녀를 두고 바람피웠어요.**
## I cheated on her.

제가 바람피웠어요　　그녀를 두고

\* '바람피우다'라는 뜻의 cheat on에서 전치사 on 다음에 오는 사람이 피해자(victim)입니다.

---

**그가 시험을 보다 커닝을 했어요.**
## He cheated on the test.

그는 커닝했어요　　　　시험에서

\* 예를 들어 '그녀가 바람피웠어요.'라고 할 때 She cheated.에서 말을 끝낼 수도 있지만, cheat의 뜻에는 '바람피우다'와 함께 '커닝하다'라는 의미도 있어 문장의 뜻이 분명하게 전달되지 않을 수도 있으므로 주의해야 해요.

cheat on a test 시험에서 부정행위를 하다

---

**그녀는 항상 남자친구들을 두고 바람피워 왔어요.**
## She has always cheated on her boyfriends.

그녀는 항상 바람피워 왔어요　　　　　　남자친구들을 두고

\* has always cheated 대신 그냥 현재형을 써서 always cheats라고 해도 같은 뜻이 됩니다.

그녀는 바람둥이예요.

## She's a cheater.

그녀는      바람둥이예요

---

+ 그는 평판이 안 좋아요.

## He has a bad reputation.

그는 가지고 있어요 나쁜 평판을

have a bad reputation 평판이 나쁘다

# NOTES 강의를 들으며 나만의 대답이나 궁금한 내용을 메모해 두세요.

# 그는 집착이 심해요 (23:30)

He's so clingy.
She's so needy.
He's so possessive.
He's so jealous.

---

### 그는 집착이 심해요.
## He's so clingy.
그는     너무 붙어 있어요

* 집착이 심한 성격을 비유적으로 이르는 말입니다.

  She's always clinging on me. 그녀는 항상 나한테 붙어 있어요.

  clingy 점착성의, 들러붙어서 떨어지지 않는

---

### 그녀는 손이 많이 가요.
## She's so needy.
그녀는     너무 필요로 하는 게 많아요

* needy는 '(경제적으로) 궁핍한, 필요로 하는 게 많은'이라는 뜻으로, high maintenance라는 말과 비슷해요. high maintenance는 주로 세심한 정비가 필요한 기계에 대해 쓰는 말이지만, 세심한 관리가 필요하다거나 애정 표현을 많이 해야 하는 사람에게 비유적으로 쓰기도 해요.

  She's really high maintenance. 그녀는 정말 계속 관리해 줘야 하는 사람이에요.

---

### 다니엘쌤의 원어민 영어 TIP

예문에 나와 있는 clingy, needy의 예에서 볼 수 있듯이 단어에 접미사인 어근 -y(~이 가득한, ~투성이의, ~의 속성이 있는)가 붙어 형용사가 되는 경우가 많아요. 그래서 needy라고 하면 '필요로 하는 게 많은', clingy는 '붙어서 떨어지지 않는, 집착하는'이라는 뜻이 되는 거죠. sunny, rainy, funny, muddy, creamy, foggy, juicy와 같이 굳이 어근을 따지지 않아도 되는 쉬운 단어들도 있고, watery(물기가 많은), showy(현란한, 보여 주길 좋아하는)와 같은 단어들도 있어요. 예를 들어 어떤 바(bar)에 갔는데 분위기가 너무 클럽 같다고 말하고 싶다면 그냥 clubby라고 표현하면 됩니다. 이렇게 어근을 알고 있으면 단어의 구성이나 뜻, 품사까지 추측할 수 있고, 더 나아가서는 상황에 맞는 말을 만들어 낼 수도 있는데다 원어민들이 즉석에서 하는 말까지도 알아들을 수 있답니다!

---

### + 그는 소유욕이 강해요.
## He's so possessive.
그는     너무 소유욕이 강해요

possessive 소유욕이 강한

---

### + 그는 질투가 심해요.
## He's so jealous.
그는     너무 질투가 심해요

jealous 질투가 많은

We're growing apart.
We're taking a break.
We haven't been getting along.

He's a momma's boy.
She's a daddy's girl.
She's always the life of the party.
She's a real social animal.

---

우리 사이가 점점 멀어지고 있어요.
## We're growing apart.
우리는  점점 사이가 멀어지고 있어요

* '동떨어져 있는'이라는 뜻의 apart에 서서히 어떤 일이 진행되어 가는 상태를 표현하는 growing을 붙여서 '사이가 점점 멀어지고 있는'이라는 뜻을 나타내요. 친구나 연인 사이에 다 쓸 수 있어요.

---

우리 사이가 점점 멀어지고 있는 것만 같아요.
## I think we may be growing apart.
저는 생각해요  우리가 점점 사이가 멀어지고 있다고

---

그가 점점 좋아져요.
## He's growing on me.
그가      점점 더 제 마음에 들어요

* grow on은 grow apart의 반대말이에요. '처음엔 별로였지만 시간이 지날수록 좋아지는, 마음에 드는'이라는 뜻이에요.

grow on somebody (수동태로는 안 씀) 점점 더 ~의 마음에 들게 되다, ~에게 좋아지다

---

M: 대부분의 사람들에겐 김치처럼 그런 음식이 있어요, 그렇죠?
## A lot of people have that with Kimchi, right?

---

C: 우린 그걸 후천적으로 얻어진 맛이라고 해요. 먹으면 먹을수록 좋아지는 맛이요.
## We also call that an acquired taste. The more you eat it, the more you like it.

M: 저는 처음엔 김치를 싫어했는데, 시간이 가면서 점점 김치 맛을 알게 되었어요.

## I didn't like kimchi at first, but it has really grown on me.

저는 싫어했어요　　　김치를　　　처음에　　　하지만 그것은　　정말　　점점 더 제 마음에 들어요

---

그게 점점 더 좋아져요.

## It's growing on me.

그것은 점점 더 제 마음에 들어요

* 어떤 노래를 처음에 들었을 때는 별로였지만 들을수록 좋아진다고 할 때도 이렇게 말하죠.

---

그게 점점 더 좋아져요.

## It has grown on me.

그것은 점점 더 제 마음에 들어요

---

+ 우리는 잠깐 연애를 쉬는 중이에요.

## We're taking a break.

우리는 잠깐 ~ 취하는 중이에요　휴식을

* 연인끼리 헤어지진 않았지만 한동안 따로 생활하면서 시간을 갖고 있는 연애 단계를 표현하는 말이에요.

take a break 잠시 휴식을 취하다

---

+ 우리는 사이좋게 지내지 못했어요.

## We haven't been getting along.

우리는 사이좋게 지내지 못했어요

get along 사이좋게 지내다

---

+ 그는 마마보이예요.

## He's a momma's boy.

그는 ~예요 마마보이

* momma's boy는 어머니에게 강한 애착이나 집착을 보이는 남자를 말해요. 우리가 흔히 말하는 '마마보이'는 잘못된 표현입니다.

---

+ 그녀는 대디걸이에요.

## She's a daddy's girl.

그녀는 ~이에요　대디걸

* daddy's girl은 아버지와 사이가 각별히 좋은 딸이나, 아빠에게 푹 빠져서 오로지 아빠만 최고라고 생각하는 여자를 말해요.

---

+ 그녀는 항상 파티의 스타(분위기 메이커)예요.

## She's always the life of the party.

그녀는 항상 ~예요　　　파티의 스타

+ 그녀는 진짜 사교성이 좋아요.

**She's a real social animal.**

그녀는 ~이에요 진정한 사회적 동물

# QUIZ 질문을 듣고 자기만의 모범 답안을 완성해 보세요.

---

Q: Are you seeing anyone?

A:

---

Q: Did you guys make up?

A:

---

Q: I heard that she cheated on him!

A:

# ANSWER 마이클쌤과 다니엘쌤의 답안입니다.

---

Q: Are you seeing anyone?

A1: Yeah, I've been with Mike for two months now.

A2: No, I'm still on the market.

A3: No, I'm still available!

A4: Yeah, I've been dating someone for the last few months.

Q: 누구 사귀는 사람 있어요?  A1: 네. 지금 마이크와 두 달째 사귀고 있어요.  A2: 아니요. 저는 아직 품절되기 전이죠.
A3: 아니요. 저 아직 혼자예요!  A4: 네. 지난 몇 달간 누군가와 사귀어 왔어요.

Q: Did you guys make up?

A1: Yeah, we got back together last week.

A2: No, we're still broken up.

A3: Yeah. Things are going great. I think she may be the one!

Q: 너희들 화해했어?  A1: 응. 우리 지난주에 다시 만나기로 했어.  A2: 아니, 우리 아직 헤어진 상태야.
A3: 응. 다 잘 되고 있어. 내 생각엔 그녀가 바로 내 운명의 여인인 거 같아!

Q: I heard that she cheated on him!

A1: I told you she would do that!

A2: Yeah, she always cheats on her boyfriends.

A3: Really? That's terrible!

Q: 그 여자가 그 남자를 두고 바람피웠다고 들었어!  A1: 내가 그 여자 그럴 거라고 했잖아!  A2: 응. 그 여자는 언제나 남자친구 두고 바람피워.  A3: 정말? 완전 최악이다!

# 원어민처럼 말하기

## 기초 영어 회화 ⑭편

Ten in Ten! 6편
추운 날씨!

## 날씨 Talking about Cold Weather

영어 공부 하기 딱 좋은 날씨네!

꽤 많은 사람들이 패러디 하고 있는 영화 대사인데, 이 말에 공감 좀 되시나요?

그냥 다른 말을 넣어 봐도 좋겠지만, 어디까지나 여러분의 기-승-전-영어 공부를 위해서, 그 중에서도 오늘은 날씨 이야기! 한 가지 말씀드리자면, 강의 동영상을 준비한 시기가 겨울이다 보니 온통 '추운 날씨'에 대한 이야기뿐이네요. 기회가 된다면 여름에도 도전해 봐야겠어요. 그때 의상은 수영복으로 도전하라고요? 음, 진지하게 고민해 볼게요!

원어민처럼 말하기

기초 영어 회화

# + INTRODUCTION 도입 (00:00~01:46)

## hat hair
모자에 눌린 머리

**I have a bad case of hat hair.** 머리가 모자에 심하게 눌려 버렸어요.

**Do you have hat hair?** 너 머리가 모자에 눌렸구나?

---

## wear gloves
장갑을 끼다

**Don't forget to wear your gloves!** 장갑 끼는 거 잊지 마세요!

* wear my hood(외투의 모자를 쓰다), wear my scarf(목도리를 하다)와 같이 명사 앞에 소유격을 쓰지만, 소유격 대신 a/an을 넣을 수도 있어요. (예문의 gloves는 복수이므로 당연히 a가 들어가지 않아요.)

---

## bundle up
따뜻하게 입다, 두툼하게 껴입다

**Bundle up!** 따뜻하게 입고 다녀!

**Are you bundled up?** 따뜻하게 껴입었어요?

**I hope you're bundling up and staying warm.** 두툼하게 껴입고 따뜻하게 지내길 바랄게.

stay warm 따뜻함을 유지하다

---

## cold snap
한파

**A cold snap came over the whole country.** 전국에 한파가 몰아닥쳤다.

* 한파를 말할 때 cold wave 대신 cold snap을 쓰세요.

---

## heat wave
폭염

**A heat wave alert has been issued.** 폭염주의보가 내려졌어요.

**A severe heat warning is in effect.** 폭염주의보가 발효 중입니다.

* 예문에서 severe 대신 excessive를 써도 됩니다.

  severe 극심한, 심각한 | heat 열, 온도, 더위 | warning 경고, 주의

**Seoul is in the midst of a heat wave.** 서울은 폭염이 한창이에요.

* in the midst of(~의 한가운데에)라는 말을 넣어 좀 더 가볍게 표현할 수 있어요.

# 두툼하게 껴입어! (02:10)

Bundle up!

---

두툼하게 껴입어! / 중무장해!
## Bundle up!
따뜻한 옷을 입어요

---

안녕, 얘들아. 따뜻하게 중무장하는 거 잊지 마!
## Hey, guys, don't forget to bundle up!
안녕 얘들아          잊지 마          따뜻한 옷 껴입는 거

---

바깥 무지 추워. 따뜻하게 껴입어라.
## It's really cold out there. Make sure you bundle up.
정말 추워          밖은          너 반드시 껴입어야 해

Stay warm!

---

### 따뜻하게 잘 지내요!
# Stay warm!
유지해　따뜻함을

＊ Stay warm!은 헤어질 때 하는 인사말이에요. 페이스북 외국인 친구가 있다면 안부 글을 전하거나 할 때 쓰면 좋겠죠.

---

### 얘들아, 따뜻하게 잘 지내!
# Guys, stay warm!
얘들아　　유지해　따뜻함을

---

### 따뜻하게 잘 지내라. 바깥은 추워.
# Make sure you stay warm. It's cold out there.
너 반드시 따뜻함을 유지해　　　　　　추워　　밖은

---

### + 모두 따뜻하게 지내.
# Stay warm, everyone!
유지해　따뜻함을　　모두들

---

### 한파가 한창이야. 든든하게 껴입어.
# We're in the midst of a cold snap. Make sure you bundle up.
우리는　　한파의 중앙에 있어　　　　　　따뜻하게 중무장 꼭 해

It's freezing outside.
It's freezing out there.

---

**바깥이 얼듯이 추워요.**

# It's freezing outside.

꽁꽁 얼게 추워요          바깥이

\* freeze는 주로 '얼다, 얼리다'라는 뜻의 동사형으로 쓰이지만, 날씨나 온도에 대해 표현할 때면 형용사형으로도 많이 쓰여요.

　Freeze this water and make ice. 이 물을 얼려서 얼음을 만들어.
　The water is freezing into ice. 물이 얼어서 얼음이 되고 있다.

**PLUS** Freeze!(꼼짝 마!)라고 하면 경찰관이 범인을 검거하거나 할 때 외치는 말이죠.

---

**바깥이 아주 추워요.**

# It's freezing out there.

꽁꽁 얼게 추워요          밖이

---

**추워 죽겠어요.**

# I'm freezing.

저는 얼듯이 추워요

---

**꽁꽁 얼어붙듯이 추워요.**

# It's freezing cold.

꽁꽁 얼듯이 아주 추워요

I'm freezing to death!
I think I'm gonna freeze to death!

---

### 으의! 얼어 죽을 만큼 추워!
## Brrr! I'm freezing to death!

부르르    나는    얼어 죽을 정도로 추워

* brrr는 '부르르, 부들부들'이라는 뜻으로, 몹시 추움을 나타내는 의성어예요.

---

### 다니엘쌤의 원어민 영어 TIP

추울 때 쓰는 의성어 Brr에 대해 강의에서 다뤘는데요. 인터넷상에서 이런 감탄사를 강조할 때 마지막 글자를 여러 번 반복해서 쓰죠. 따라서 많이 춥다는 뜻으로 Brrrrrrrr라고 쓰기도 해요. 물론 BRRRRRRRR와 같이 대문자로 나타내면 훨씬 더 강조하는 느낌을 줍니다. 이와 비슷한 Grr라는 단어는 화나거나 짜증 날 때 으르렁거리듯이 쓰는 말로, 역시 강조할 때는 Grrrrrrrrrr라고 하죠. 또, 재미있는 것을 봤을 때 쓰는 말인 lol은 lolllllll이라고 쓰기도 한답니다.

---

### 얼어 죽을 것 같아요!
## I'm gonna freeze to death!

저는    얼어 죽을 정도로 추운 것 같아요

* gonna는 미래의 의미를 나타내는 going to의 구어체 말로 주로 회화에서만 쓰여요.

---

### 죽을 만큼 추운 것 같아요!
## I think I'm gonna freeze to death!

저는 생각해요 제가 얼어 죽을 정도로 추운 것 같다고

* 여기서 I think는 직역 그대로 '나는 생각해요'라고 해석하지 말고, '~인 것 같아요'로 하면 훨씬 자연스러운 해석이 됩니다.

# 영하의 기온이 계속되고 있어요 (04:09)

> Subzero temperatures
> It's below zero.
> It's 5 degrees below zero.
> It's -10.

---

### 영하의 기온
## Subzero temperatures
영하의      기온

\* subzero의 sub은 '~의 아래에'라는 뜻의 접두사예요. 예를 들어 sub이 marine(바다의) 앞에 붙어 submarine(잠수함)을 뜻하는 것처럼 zero보다 아래라는 뜻의 subzero는 '영하'를 뜻해요.

temperature 기온, 온도

---

### 지난 며칠 동안 서울은 영하의 기온이 계속되고 있어요.
## We've been experiencing subzero temperatures in Seoul for the last few days.
우리는 겪고 있어요      영하의 기온을      서울에서      지난 며칠 동안

---

### 영하래.
## It's below zero.
기온이 영하야

\* below가 '~보다 아래에'라는 뜻이므로 below zero 역시 zero보다 아래라는 뜻의 '영하'를 나타내는 말이에요. subzero temperatures를 간단하게 표현한 것이지요.

---

### 영하 5도래.
## It's 5 degrees below zero.
기온이 5도야      영하

degree (온도 단위인) 도

---

### -10도야.      바깥 기온이 마이너스 10도야.
## It's -10. / It's minus 10 out there.
-10도야      기온이 마이너스 10도야      바깥

\* out there는 '밖에'라는 뜻으로, 두 단어를 합쳐 날씨에 대해 얘기할 때 자주 쓰는 표현입니다.

**PLUS** Fahrenheit(화씨)와 Celsius(섭씨)
미국에서는 온도를 나타낼 때 Fahrenheit(F: 화씨)를 써요. 화씨로 below zero는 -18도 이하라고 합니다. 아무래도 원어민들이 자주 쓰는 단위이니만큼 화씨 온도 체계를 알아 두는 것도 도움이 되겠죠. 섭씨를 뜻하는 Celsius[sélsiəs]의 발음은 [쎌시우스]보다는 [쎌시어스]에 가깝게 해야 합니다.

This is the coldest it's been in 15 years.
This is the coldest I've ever seen it.

---

### 15년 만에 가장 추운 날씨예요.
# This is the coldest it's been in 15 years.
가장 추운 날씨예요        15년 만에

* This is the coldest에서 coldest가 형용사이므로 이 다음에 굳이 명사가 오지 않아도 됩니다. in 15 years에서는 전치사 in을 쓴 것에 유의하세요.

* 여기에서 it's는 it is가 아니라 it has의 약자입니다.

---

### 제 평생에 가장 추운 날씨였어요.
# This is the coldest I've ever seen it.
가장 추운 날씨예요        제가 겪은 것 중에서

* I've ever seen it.에서 seen은 '보다'라는 의미보다는 '경험하다'로 생각하는 게 더 자연스러워요.

---

### 오늘이 올겨울 들어서 가장 추운 날이라고 해요.
# They're saying today is (going to be) the coldest day so far this winter.
그들은 말해요      오늘이 ~일 거라고      가장 추운 날      지금까지   올겨울

---

### M: 이 말은 올겨울 들어 가장 추운 날이라고 가정하는 표현이에요.
# This is supposed to be the coldest day so far this winter.

* 앞으로 더 추워질 수도 있으므로 '여태, 지금까지'라는 뜻의 so far를 썼어요. 또한 this winter와 같이 this나 last 앞에는 전치사 in이나 on을 쓰지 않습니다. this winter, last year, tonight 등은 전치사 없이 부사가 되기 때문이죠.

---

Bitter cold / biting cold
Cold snap
We got snowed in.
We got snowed under.
To shovel snow

---

### 혹독한 추위
# Bitter cold / Biting cold
매서운     추위     살을 에는 듯한 추위

\* bitter는 This coffee is bitter.(이 커피는 쓰다.)와 같이 '맛이 쓴'이라는 뜻이 있지만, '(기상 조건이) 혹독한, 매서운'이라는 의미로도 쓰여요. 또, biting은 '살을 에는 듯한, 얼얼한, 매서운'이라는 뜻을 지닌 형용사입니다.

---

### 살을 깎아먹는 것 같아요.
# It's like it's biting my flesh.
그것은 깎아먹는 것 같아요     저의   살을

bite (이빨로) 물다 | flesh (사람·동물의) 살, 고기

\* 이 문장은 앞에서 배운 표현의 어원을 설명하기 위한 것으로 실제 회화에서 쓰지는 않습니다.

---

### 동시에 미국 동부 해안에서도 한파를 겪고 있습니다.
# By chance, the east coast of the USA is experiencing a cold snap right now.
우연히      미국 동부 해안은      경험하고 있어요      한파를      지금

by chance / coincidentally / as luck would have it 우연히, 동시에
snowstorm / blizzard 눈보라 | heavy snowfall 폭설, 대설

---

### + 우리는 눈에 갇혀 꼼짝 못했어요.
# We got snowed in. / We got snowed under.
우리는 눈에 갇혔어요      우리는 눈에 파묻혔어요

get snowed in / get snowed under
눈에 갇히다, 눈에 파묻히다

---

### + 그들은 꽁꽁 얼듯이 추운 날씨에 (삽으로) 눈을 치우러 나갔어요.
# They went out in freezing conditions to shovel snow.
그들은 나갔어요      꽁꽁 얼듯이 추운 날씨에      (삽으로) 눈을 치우러

in conditions ~한 환경(상황)에서
shovel 삽질하다, 삽으로 파다

# 제 입김을 볼 수 있어요 (08:23)

I can see my breath.
It's so cold I can see my breath.

---

### 제 입김을 볼 수 있어요.
## I can see my breath.
저는 볼 수 있어요　저의 입김을

* breath[breθ]를 발음할 때 th를 [s]로 발음하지 않고 [θ]로 발음합니다. [θ] 발음은 윗니 아랫니로 혀 앞부분을 살짝 물면서 소리를 내세요.

breath 숨, 입김

---

### 덜덜덜! 너무 추워서 제 입김을 볼 수 있어요.
## Brrr! It's so cold I can see my breath.
덜덜덜　날씨가 너무 추워요　저는 볼 수 있어요　저의 입김을

---

### 앉아서 심호흡을 하세요.
## Sit down and take a deep breath.
앉아서　　　　　　쉬세요　깊은 숨을

**PLUS** We breathe oxygen.　우리는 산소로 호흡합니다.

여기서 breathe[bri:ð]는 '숨을 쉬다, 호흡하다'라는 뜻의 동사예요. 앞서 나온 명사 breath와는 철자도 발음도 다르니 주의하세요.

---

## NOTES 강의를 들으며 나만의 대답이나 궁금한 내용을 메모해 두세요.

---

Brrr, I can't feel my feet!

---

으으, 너무 추워서 발에 느낌이 없어요!
## Brrr, I can't feel my feet!
으으　　저는 느낄 수 없어요　　저의 발을

---

동상에 걸렸어요.
## I got frostbite.
저는 걸렸어요 동상에

get frostbite 동상에 걸리다

## NOTES 강의를 들으며 나만의 대답이나 궁금한 내용을 메모해 두세요.

---

# 진짜 추워 죽겠어요! (10:14)

Freeze my butt off
I'm freezing my butt off!
My ears are about to freeze off.

---

### 진짜 추워 죽겠어요! (대박 추워요!)
## I'm freezing my butt off!
저는 무척 추워요　　　　엉덩이가 떨어져 나갈 정도로

＊ 여기서 butt(엉덩이)에는 큰 의미를 두지 않아도 좋아요. 무지 춥다는 사실을 강조하기 위한 임무를 맡았을 뿐이에요. '엉덩이'를 뜻하는 말로는 butt가 가장 무난해요.

---

### 다니엘쌤의 원어민 영어 TIP

강의에서 다룬 Freeze my butt off의 경우, butt는 ass와 바꿔 쓸 수 있어요. 하지만 ass는 욕이기 때문에 아주 친한 사이가 아니라면 쓰지 않는 게 좋습니다. 물론 영화나 미드에 자주 나오는 말이니까 그 뜻과 쓰임새를 알아 두면 도움이 되긴 하겠죠. I have been working my ass/butt off!(나 완전히 등골 빠지게 일해 왔어!)의 예에서 볼 수 있듯이 강조를 하기 위해 쓰이기도 하고, dumb ass(멍청한 놈), lazy ass(게으른 놈), fat ass(뚱뚱한 놈)의 예처럼 '~한 사람/놈'으로 해석되기도 해요. 참고로 우리가 흔히 '엉덩이'를 말할 때 쓰는 hip의 경우 실제로는 '엉덩이'보다는 '허벅지와 뱃살 사이, 고관절'을 뜻합니다. 후면이 아니라 전면과 측면 부위를 말하는 것이지요.

---

### 추워서 얼어붙을 것 같아요. 코가 떨어져 나갈 것 같아요.
## I'm freezing! I'm so cold. I feel like my nose is gonna fall off.
저는 얼듯이 추워요　　　저는 너무 추워요　　　저는 느껴요　　　제 코가 떨어져 나갈 것 같이

---

### 추워서 귀가 떨어져 나갈 것 같아요.
## I'm gonna freeze my ears off.
제 귀가 얼어서 떨어져 나갈 것 같아요

---

### + 추워서 귀가 떨어져 나갈 것 같아요.
## My ears are about to freeze off.
제 귀가 얼어서 떨어지려고 해요

발이 아무 느낌이 안 나요.

# My feet are numb.

numb 감각이 없는

저의 발이 무감각해요

## QUIZ 질문을 듣고 자기만의 모범 답안을 완성해 보세요.

—————————————————————————————————————————

Q: It's freezing out there!

A:

Q: It's snowing!

A:

Q: Winter sure came early this year!

A:

# ANSWER 마이클쌤과 다니엘쌤의 답안입니다.

---

**Q:** It's freezing out there!

**A1:** OK, I'll bundle up.

**A2:** Yeah, it must be at least 10 below!

**A3:** Yeah, let's stay in here, where it's warm.

**A4:** Yeah, I almost froze my butt off out there.

> Q: 밖은 얼어붙듯이 추워!   A1: 알았어. 껴입을게.   A2: 그래. 적어도 영하 10도는 되는 게 확실해!
> A3: 그래. 따뜻하게 여기 있자.   A4: 그래. 나 밖에서 완전 얼어 죽을 뻔했어.

---

**Q:** It's snowing!

**A1:** Yeah, we've had record snowfall this year.

**A2:** We got snowed in last week too.

**A3:** Yeah, the weather report said it would.

**A4:** I love the snow!

record 기록적인, 최고의

> Q: 눈 온다!   A1: 맞아. 올해 기록적인 강설량을 기록했어.   A2: 우리 지난주에도 눈에 갇혔었어.
> A3: 그래. 일기예보에서 그럴 거라고 하더라.   A4: 나 눈 완전 좋아해!

---

**Q:** Winter sure came early this year!

**A1:** Yeah, I still haven't gotten out my winter clothes!

**A2:** It sure did!

**A3:** Yeah, fall has gotten so short.

**A4:** It puts me in the Christmas spirit.

get out 꺼내다

> Q: 올해는 겨울이 진짜 일찍 왔어!   A1: 맞아. 나 아직 겨울옷 꺼내지도 않았는데!   A2: 진짜 그렇지!
> A3: 그래. 가을이 정말 짧아졌어.   A4: 크리스마스 분위기가 나는데.

# 원어민처럼 말하기
## 기초 영어 회화 ⑮편

Ten in Ten! 7편
인터넷 관련 표현 ## 인터넷 Talking about the Internet

노답, 노잼, 사이다, 프사, 웃프다, 갈비… 인터넷 신조어 얼마나 알고 계신가요?
요즘 새로 생기는 기상천외한 신조어들이 외국어보다도 어렵다고 불만을 토로하는 분들도 있는데요. 살짝 나이가 있으신 거겠죠^^ 아니 나이 드는 것도 억울한데… 지금부터라도 인터넷 신조어(우리말이든 영어든) 열공 결심! 참, 그 전에 인터넷 관련 영어 표현부터 정리하고 가실까요. 그런 다음 LOL, OMG도 배워 봐요.

원어민처럼 말하기

기초 영어 회화

I saw you on the Internet!
I read about you on the Internet.
We met on the Internet.

---

### 인터넷에서 당신을 봤어요!
## I saw you on the Internet!
저는 봤어요 당신을        인터넷에서

I saw it on the Internet. 그거 인터넷에서 봤어요.
I read it in a book. 그거 책에서 읽었어요.

\* 예문처럼 '책에서 읽다'의 경우에는 전치사 in을 쓰지만, 화면상으로 '인터넷에서 보다'라고 말할 때는 전치사 on을 써야 해요. 또, Internet의 첫 글자는 가상이긴 하지만 장소를 뜻하는 말이므로 대문자 I로 표기합니다.

**AVOID** [온 디 인터넷] (X) / [언 디 인터넷] (O)
우리말로 전치사 on을 '온'으로 표기하다 보니 영어식 발음도 그냥 [온]으로 하는 경우가 있는데, 원어민들은 우리말의 [언]에 가깝게 발음합니다.

---

### 다니엘쌤의 원어민 영어 TIP

영어를 공부하면서 발음이 중요한 건 사실이지만, 능숙하게 하기란 쉽지 않은 일이죠. 발음 현상에 대해 공부하고, 원어민들의 발음을 많이 듣고 따라 해도 제자리라면 좀 더 효율적인 학습법을 시도해 봐야 합니다. 먼저 한국인들이 자주 틀리는 발음부터 공략하는 것입니다. 가장 잘 틀리는 발음으로는, L/R, F/V, B/V, F/P, S/Z, J/Z, TH의 두 발음 등이 있어요. 이 발음들을 충분히 연습하고, 각 단어들의 강세를 정확하게 익힌다면 발음 때문에 고생하는 일이 줄어들 거예요. 또, 해당 발음들을 유튜브에서 검색하면 무료 강의가 공개되어 있으니 이용해 보세요. 자신의 발음을 녹음하거나 녹화해 보는 것도 괜찮은 방법입니다.

당신에 대해서 인터넷에서 읽었어요.

## I read about you on the Internet.

저는 읽었어요  당신에 대한 것을     인터넷에서

I read about this café on the Internet 인터넷에서 이 카페에 대해 읽었어요.

---

그거 페이스북에서 봤어요.

## I saw it on Facebook.

저는 봤어요  그것을 페이스북에서

I saw this place on Facebook. 여기 페이스북에서 봤어요.

---

+ 우리는 인터넷상에서 만났어요.

## We met on the Internet.

우리는 만났어요     인터넷에서

### 다니엘쌤의 원어민 영어 TIP

on the Internet이라는 표현에서는 전치사 on이 쓰인다고 말씀드렸는데요. '원어민처럼 말하기'의 필수 요건이 바로 전치사에 대한 이해입니다. 영어의 전치사는 그 의미와 쓰임새가 무척 다양해서 원어민이 아닌 사람들이 어려움을 겪는 부분이기도 하죠. 따라서 전치사가 나올 때마다 다음과 같이 예문을 통해 의미를 파악해 보세요. 전치사 on의 예입니다.

I'm on it. 그거 제가 할게요./그거 제가 하고 있어요.
Are we still on for tonight? 우리 오늘 밤 약속 여전히 유효한 거지?
The TV was on. TV는 켜 있었어.
Don't stop—drive on! 차 세우지 마! 계속 가!
Go easy on the mayo! 마요네즈는 너무 많이 넣지 마세요!

# NOTES 강의를 들으며 나만의 대답이나 궁금한 내용을 메모해 두세요.

I found out about you on the Internet.
I searched for you on the Internet.
I googled him.
I looked it up on the Internet.

---

**인터넷에서 당신에 대해 알아봤어요.**

# I found out about you on the Internet.

저는 알아냈어요　　　당신에 대해　　　인터넷에서

**AVOID** I knew you on the Internet. (X)
know는 이미 알고 있다는 뜻이므로 무언가를 알아내는 과정을 표현하기 위해서는 know를 쓰지 않고 find out을 씁니다.

---

**인터넷에서 당신을 검색했어요.**

# I searched for you on the Internet.

저는 찾아봤어요　　　당신을　　　인터넷에서

＊ 검색 대상을 말할 때 전치사 for를 씁니다.

　I searched for it on the Internet. 인터넷에서 그것에 대해 검색했어요.

　search for ~를 찾다

---

**구글에서 그를 찾아봤어요.**

# I googled him.

저는 구글로 검색했어요 그를

＊ google은 '구글로 검색하다'라는 뜻으로, 구글이란 검색 사이트의 브랜드 명사가 동사화되어 쓰이고 있어요. 원래는 고유명사라서 g를 대문자로 썼지만, 요즘은 일반동사화되어 소문자로 쓰는 추세입니다. 다만, 공식적인 문장에서는 google보다는 search for나 look it up으로 표현하는 게 좋겠죠.

　I googled her. 구글에서 그녀를 찾아봤어요.
　I googled you. 구글에서 당신을 찾아봤어요.
　I googled that book. 구글에서 그 책을 찾아봤어요.

---

**인터넷에서 그것을 검색했어요.**

# I looked it up on the Internet.

저는 찾아봤어요　그것을　　　인터넷에서

I looked it up in the dictionary. 사전에서 그것을 찾아봤어요.

look something up (사전 · 참고 자료 · 컴퓨터 등에서 정보를) 찾아보다

# 당신은 SNS 뭐 해요? (04:07)

What social media are you on?
Let's connect on social media.
I don't use social media.
I'm gonna post it on social media.

---

### 당신은 SNS 뭐 해요?
## What social media are you on?
무슨 SNS        당신은 ~ 위에 있나요?

* 소셜네트워킹서비스(Social Networking Services)의 약자 SNS는 한국에서 social media를 부르는 말이에요. 미국에서는 SNS 대신 social media라고 하죠.

---

### 당신이 사용하는 SNS는 뭐예요?
## What social media do you use?
무슨 SNS를        당신은 사용하나요?

---

### SNS에서 봐요.
## Let's connect on social media.
연결해요        SNS상에서

Let's connect on LinkedIn. (Facebook/Twitter)
connect 연결하다, (인터넷이나 네트워크에) 접속하다

---

### + 저는 SNS를 쓰지 않아요.
## I don't use social media.
저는 사용하지 않아요    SNS를

---

### + 저는 그걸 SNS에 올릴 거예요.
## I'm gonna post it on social media.
저는 게시할 거예요        그것을 SNS에

post 게시하다, 공고하다

친구신청 해 주세요 (05:01)

Please, send me a friend request.
Why don't you follow me on Twitter?
How many followers do you have on Twitter?

---

친구신청 해 주세요.
## Please, send me a friend request.
보내 주세요          저에게  친구신청을

* friend는 명사로는 '친구추가', 동사로는 'SNS에서 친구가 하다'라는 뜻의 페이스북 용어입니다.

  I sent you a friend request. 나는 너에게 친구추가 요청을 보냈어.
  He sent me a friend request. 그는 나에게 친구추가 요청을 보냈어.

  request (격식을 차린 정중한) 요청, 신청

---

저는 그의 친구신청을 무시했어요.
## I ignored his friend request.
저는 무시했어요      그의 친구신청을

* I ignored him.은 '나는 그를 못 본 척했다.'라는 의미로 예문과 같은 뜻의 표현이에요.

  ignore 무시하다, 못 본 척하다

---

트위터에서 저를 팔로우 해 주세요.
## Why don't you follow me on Twitter?
당신은 팔로우 해 주지 않겠어요?          저를    트위터에서

* follow는 원래 '따르다'라는 뜻인데 여기서는 '특정 트위터 이용자의 글을 구독하다'라는 의미입니다.

---

트위터에서 당신은 팔로워가 몇 명이나 되나요?
## How many followers do you have on Twitter?
얼마나 많은          팔로워들을          당신은 가지고 있나요?    트위터에서

# 친구삭제 했어요! (05:37)

He unfriended me on Facebook!
He ghosted me on social media.
He fell off the face of the planet.
I can't believe you just unfriended me like that!
I think she blocked you.

---

### 그가 페이스북에서 저를 친구삭제 했어요!

## He unfriended me on Facebook!

그가 친구삭제 했어요        저를     페이스북에서

* 여러분도 잘 알고 계시는 것처럼 friend는 동사가 아니었어요. 처음엔 I friended you.와 같은 표현은 말도 안 된다고 생각했죠. 그런데 페이스북이 생긴 후 friend가 동사처럼 쓰이게 되면서 I friended him.이라는 표현이 자연스러워졌어요. 반대말은 접두사 un-을 붙여 만든 unfriend로 '친구삭제 하다'라는 동사입니다.

---

### 그가 저를 친구삭제 하다니 말도 안 돼요!

## I can't believe he unfriended me!

저는 믿을 수 없어요      그가 친구삭제 한 것을     저를

* '친구삭제'라는 말이 생긴 초기에는 infriend와 unfriend를 함께 쓰다 지금은 unfriend로 통일해서 쓰고 있어요.

  Don't unfriend me! 날 친구삭제 하지 마!
  He unfriended me. 그가 날 친구삭제 했어요.

---

### 그들은 헤어진 후에 서로 친구삭제를 했어요.

## After they broke up, they unfriended each other.

그들이 헤어진 후에          그들은 친구삭제를 했어요     서로

---

### 그/그녀가 SNS에서 잠수타 버렸어요.

## He/She ghosted me on social media.

그/그녀는 말없이 사라졌어요        SNS에서

* ghost(유령, 귀신)라는 말을 동사형으로 쓴 신조어로, '갑자기 말없이 사라지다, 잠수타다'라는 뜻이에요. 앞서 6편 약속에서 text message를 얘기하면서 '문자를 씹다'라는 말은, He/She blew me off.(그/그녀가 내 문자를 씹었어.)라고 표현한다고 말씀드린 적이 있었죠. 그에 덧붙이자면 social media에서 갑자기 사라지는 것을 두고 He/She ghosted me.(그/그녀가 잠수를 탔어.)라고 표현합니다.

+ 그는 완전히 사라졌어요.

# He fell off the face of the planet.

그는 떨어졌어요       지구의 표면에서

fall off 떨어지다, 줄다 | the planet 지구

---

+ 당신이 저를 그런 식으로 친구삭제 하다니 말도 안 돼요!

# I can't believe you just unfriended me like that!

저는 믿을 수 없어요       당신이 친구삭제 한 것을       저를    그런 식으로

like that 그런 식으로

---

+ 그녀가 당신을 차단한 것 같아요.

# I think she blocked you.

저는 ~ 생각해요 그녀가 당신을 차단했다고

block 막다, 차단하다

# NOTES 강의를 들으며 나만의 대답이나 궁금한 내용을 메모해 두세요.

Please, leave a comment.
Negative comments
People keep leaving negative comments!
Mean comments
People keep saying mean things on my Facebook wall!

---

### 댓글을 달아 주세요.
# Please, leave a comment.
남겨 주세요      댓글을

comment 논평, 언급

---

### 악성 댓글
# Negative comments
부정적인 댓글

negative 부정적인, 나쁜

---

### 사람들이 계속해서 악플을 달고 있어요!
# People keep leaving negative comments!
사람들이 계속 남기고 있어요      악성 댓글을

People keep leaving negative comments on my wall/on my YouTube. 사람들이 계속해서 제 페이스북 담벼락에/제 유튜브 동영상에 악플을 달고 있어요.
People keep leaving negative comments on my page/in a group. 사람들이 계속해서 제 페이지에/그룹에 악플을 달고 있어요.

---

### 악성 댓글
# Mean comments
나쁜 댓글

mean 비열한, 상스러운

---

### 사람들이 제 페이스북 담벼락에 계속해서 악플을 달아요!
# People keep saying mean things on my Facebook wall!
사람들이 계속해서 말하고 있어요      나쁜 것들을      제 페이스북 담벼락에 사람들이 유튜브에 계속해서 악플을 달아요.

# People keep saying mean things on YouTube.

사람들은 계속해서 말하고 있어요 　　　 나쁜 것들을 　　　 유튜브에

---

## 다니엘쌤의 원어민 영어 TIP

mean에는 '~을 뜻하다, ~ 뜻으로 말하다, 진심이다, 작정하다, ~의 의미가 있다, 못된, (솜씨가) 기막힌' 등의 다양한 뜻이 있는데요. 회화에서도 자주 쓰는 단어이니 예문으로 충분히 공부해 두세요.

What do you mean by "stupid?" 너 '멍청하다'는 말 무슨 뜻으로 한 거야?
I didn't mean that. 난 그런 뜻으로 얘기한 거 아니야.
Don't laugh! I mean it. 웃지 마! 난 진심이야.
They were not meant for each other. 그들은 천생연분이 아니었어.
You mean everything (the world) to me. 넌 나의 전부야. / 넌 나에게 아주 중요해.
Don't say mean things. 못된 말 하지 마!
My mom cooks a mean steak. 우리 엄마는 스테이크를 기가 막히게 잘 하셔.

# 인터넷 트롤 (08:27)

(유튜브 동영상 제목은 8. Internet Troll!입니다.)

Internet troll
Bully
That guy's been trolling me for weeks.
Flame someone
Flame war

---

### 인터넷 트롤
## Internet troll / Bully
인터넷       트롤       약자를 괴롭히는 사람

* troll은 인터넷 토론방에서 남들의 화를 부추기기 위해 보낸 메시지나 이런 메시지를 보내는 사람을 일컫는 신조어예요. bully라는 말과 비슷하죠. 학교에서 동급생들을 못살게 구는 학생을 the school bully라고 하는 것처럼 인터넷상에서는 troll이라고 해요.

---

### 그가 계속 저를 트롤 하고 있어요.
## He keeps trolling me.
그가 계속 괴롭혀요       저를

* troll은 '인터넷상에서 트롤 하다'라는 뜻의 동사형으로도 쓰여요.

---

### 사람들이 계속 저를 유튜브에서 트롤 하고 있어요.
## People keep trolling me on YouTube.
사람들이 계속 괴롭혀요       저를 · 유튜브에서

---

### + 몇 주 동안 그 녀석이 저를 괴롭혔어요.
## That guy's been trolling me for weeks.
그 녀석이 괴롭히고 있어요       저를    몇 주 동안

* 참고로 flame someone은 '개인에 대한 맹렬한 인신 공격을 하다'라는 뜻이며, flame은 명사로 모욕적이거나 신랄한 비판이 담긴 이메일 메시지 또는 토론방의 글을 말하기도 해요. 또, flame war는 온라인에서 특정 주제에 대해 의견을 나눌 때 일어나는 신랄한 논쟁을 뜻합니다.

# 받은편지함이 스팸으로 가득 차 있어요 (09:07)

(유튜브 동영상 제목은 9. My inbox is full of spam!입니다.)

My inbox is full of spam.
People keep posting spam on my page.
I kicked him out for spamming.
I banned him!
My site gets a lot of spam comments.
Stop spamming my page!

---

**받은편지함이 스팸으로 가득 차 있어요.**
## My inbox is full of spam.
저의 받은편지함은 가득 차 있어요   스팸으로

\* spam(스팸)은 미국 식품회사의 통조림 상표명에서 비롯된 단어로, 과다한 광고를 하는 형태를 말해요. 즉, 불특정 다수에게 보내는 광고성 편지나 메시지라는 뜻인데, 또 다른 말로는 junk mail이라고 하죠 .

inbox 받은편지함(새로 수신된 이메일이 있는 곳)

---

**사람들이 제 페이스북에 계속 스팸짓 하고 있어요.**
## People keep spamming me on Facebook.
사람들이 스팸 메일을 계속 보내고 있어요        제게      페이스북에서

spam 스팸 메일을 보내거나 기사를 게재하다

---

**우리 페이스북 페이지에 사람들이 스팸짓을 계속 하고 있어요.**
## People keep spamming our Facebook page.
사람들이 스팸 메일을 계속 보내고 있어요          우리의 페이스북 페이지에

---

**사람들이 제 페이지에 스팸을 계속 올리고 있어요.**
## People keep posting spam on my page.
사람들이 스팸을 계속 보내고 있어요          제 페이지에

\* spam 대신 post spam이라고 쓸 수도 있어요.

---

**스팸 활동 때문에 그를 강퇴시켰어요.**
## I kicked him out for spamming.
제가 쫓아냈어요   그를           스팸 활동 때문에

kick somebody out (~에서) …을 쫓아내다

**제가 그를 강퇴시켰어요!**

## I banned him!

제가 금지했어요　　그를

ban 금지하다

---

**제가 그를 영구 강퇴시켰어요.**

## I banned him permanently.

제가 금지했어요　　그를　　영원히

permanently 영구히, (영구) 불변으로

---

**+ 제 사이트에는 스팸 댓글이 많아요.**

## My site gets a lot of spam comments.

저의 사이트에는 많이 있어요　　　　스팸 댓글이

---

**+ 내 페이지에 스팸짓 좀 그만해!**

## Stop spamming my page!

멈춰　　스팸짓 하기를　　　　내 페이지에

＊ 이때 필요한 게 바로 spam blocker(스팸 블로커, 스팸 차단 서비스)가 아닐까요!

---

# NOTES 강의를 들으며 나만의 대답이나 궁금한 내용을 메모해 두세요.

# 이메일 주소가 어떻게 되나요? (10:22)

(유튜브 동영상 제목은 10. What's your email address?입니다.)

What's your email (address)?
Email me later with the details.
I lost your email.

---

### 이메일 주소가 어떻게 되나요?
## What's your email address?
뭐예요?　　　　　당신의 이메일 주소가

> \* 원래는 email address가 맞지만 요즘은 간단히 줄여서 email이라고도 합니다. 또, Send me a text message.(나한테 문자 메시지 보내.)라는 말도 Just text me!라고 줄여서 말하기도 하죠. 이처럼 미국에서도 줄임말을 많이 쓰고 있지만, 공식적인 자리에서는 줄임말 사용을 자제하고 email address 등으로 표현하는 게 좋습니다.

### 이메일이 뭐야?
## What's your email?
뭐야?　　　　너의 이메일이

### 네 이메일 깜박했어.
## I forgot your email.
나는 잊었어　　　너의 이메일을

### 이메일 주소를 잃어버렸어.
## I lost your email.
나는 잃어버렸어 너의 이메일을

### 세부 사항은 나중에 이메일로 보내.
## Email me later with the details.
이메일로 보내 나에게 나중에　　　세부적인 사항은

> \* email은 '전자 우편, 이메일'이라는 뜻의 명사로 쓰이지만, Email me!(나한테 이메일 보내!) 에서와 같이 동사로도 쓰입니다.

SNS, 방문객 (11:17)

---

Social media
Visitors, Internet Users, viewers
He gets about 1,000 visitors per day.

---

### SNS에서 널 봤어.

**I saw you on social media.**

나는 봤어 너를 SNS에서

**AVOID** SNS → Social media
우리나라 사람들은 대부분 SNS(Social Networking Services)라고 표현하지만, 미국에서는 잘 쓰지 않는 말입니다. 꼭 social media라고 하세요!

---

### '네티즌'이란 말을 많이 쓰지 마세요.

**Don't overuse the word, "netizen."**

남발하지 마세요 '네티즌'이라는 말을

\* netizen은 영어에서 온 말이긴 하지만 한국에서 훨씬 많이 써요. 우리는 인터넷에 있는 모든 사람들을 netizen이라고 부르지만, 미국에서는 우리와 좀 다른 의미로 쓰고 있지요. 미국인들이 말하는 netizen은 인터넷 커뮤니티를 만들어 인터넷 시민처럼 활동하는 사람이라는 뜻입니다. 따라서 netizen 대신 visitors, Internet users, viewers 등으로 표현하는 게 더 좋습니다.

---

### 사이트를 찾는 방문객이 몇 명이나 되나요?

**How many visitors does your site get?**

몇 명인가요?   방문객은   당신의 사이트가 가진

visitors to the site 사이트 방문객

---

### M: 한 방문객이 제 페이지에 댓글을 남겼어요.

**A visitor left a comment on my page.**

한 방문객이 남겼어요   댓글을   제 페이지에

---

### (저 같으면) 한 네티즌이 제 페이지에 댓글을 남겼다고는 말하지 않을 것 같아요.

**I wouldn't say that a netizen left a comment on my page.**

저는 말하지 않을 것 같아요   한 네티즌이 남겼다고   댓글을   제 페이지에

---

### + 그의 사이트는 하루에 천 명 정도의 방문객이 있어요.

**He gets about 1,000 visitors per day.**

그는 ~ 있어요   약 천 명의 방문객이   하루에

---

Q: Aren't you John Smith? I saw you on the Internet!

A:

---

Q: This guy keeps spamming me!

A:

---

Q: I can't believe she unfriended me on Facebook!

A:

# ANSWER 마이클쌤과 다니엘쌤의 답안입니다.

---

Q: Aren't you John Smith? I saw you on the Internet!

A1: Yeah, are we friends on Facebook?

A2: No, my name's Mike. I think you've mistaken me for someone else.

A3: Yeah, nice to meet you in person!

mistake ~ for ~을 …라고 잘못 알다

Q: 당신 존 스미스 아닌가요? 저 당신 인터넷에서 봤어요!　A1: 네. 저희 페이스북에서 친구인가요?
A2: 아니요. 제 이름은 마이크예요. 제 생각에는 저를 다른 사람이랑 헷갈리신 것 같아요.　A3: 네. 실제로 만나 뵙게 되니 반갑습니다!

---

Q: This guy keeps spamming me!

A1: Really? You should ban him right away!

A2: Have you tried using a spam blocker?

A3: Oh, that guy! He's been spamming me too!

A4: Have you tried reporting him?

Q: 이 사람 나한테 계속 스팸짓 해!　A1: 진짜? 그 사람 바로 강퇴시켜 버려!　A2: 스팸 블로커 써 봤어?
A3: 아 그 남자! 나한테도 스팸짓 하던데.　A4: 그 사람 신고해 봤어?

---

Q: I can't believe she unfriended me on Facebook!

A1: Did you do something to make her mad?

A2: Well... you guys did break up.

A3: That's probably because you keep posting weird stuff.

A4: She ghosted me on social media too!

weird 이상한

Q: 그녀가 나를 페이스북에서 친구삭제 하다니 믿을 수 없어!　A1: 그녀를 화나게 할 만한 뭔가를 했니?　A2: 그게… 너네들 헤어진 건 맞잖아.
A3: 그건 아마도 네가 계속해서 이상한 것들을 포스팅 하니까 그런 걸 거야.　A4: 그녀는 나한테도 SNS상에서 잠수탔어!

# YouTube EnglishinKorean.com

# 원어민처럼 말하기 ▶ 기초 영어 회화

| | |
|---|---|
| **1 쇄 발행** | 2017년 01월 05일 |
| **2 쇄 발행** | 2017년 09월 14일 |
| **공      저** | 마이클 엘리엇, 김명호 |
| **펴 낸 이** | 임형경 |
| **펴 낸 곳** | 라즈베리 |
| **마 케 팅** | 김민석 |
| **디 자 인** | 홍수미 |
| **편      집** | 장원희, 박숙희, 정희정 |
| **등      록** | 제210-92-25559호 |
| **주      소** | (우 132-873) 서울 도봉구 해등로 286-5, 101-905 |
| **대 표 전 화** | 02-955-2165 |
| **팩      스** | 0504-088-9913 / 0504-722-9913 |
| **홈 페 이 지** | www.raspberrybooks.co.kr |
| **블 로 그** | http://blog.naver.com/donmo72 |
| **카      페** | http://cafe.naver.com/raspberrybooks |
| **I S B N** | 979-11-87152-03-3 (13740) |

외국어는 공부가 아니라 다른 세상과의 만남입니다.

Learning a language opens the door to a whole new world.